El apátrida

El Apátrida

Esteban Molina Vela

Primera edición: 2021

©Autor: Esteban Molina Vela

©Portada: Esteban Molina vela

©Título: El apátrida

ISBN: 9798747006904

Sello: Independently published

A todos
los ignorantes
de la vida.

Capítulo 1

Tengo una historia que te gustará leer:

—Soy Nicolás un emigrante andaluz que tuvo la suerte de triunfar en Cataluña. Gracias a mi trabajo y al Destino, que me propició dos encuentros idílicos: ambos me marcaron para toda mi vida, igual que yo a ellos dos.

Los dos únicos amores de mi vida, aunque hubo un tercero:

—Mi primer amor, pero ese no cuenta, porque sor Beatriz nunca se enteró de la perdida locura amorosa que sentí y siento por ella—.

No obstante, sigo sin poder olvidarla, por ello, creo que fue el verdadero e imborrable amor de mi vida:

—Sor Beatriz, la joven monja de la parroquia de mi pueblo—.

Aunque nunca supo de mi deleitoso amor por ella, la tengo venerada sin saber cómo está, ni qué habrá sido de ella.

—Hace muchos años que emigré de mi pueblo jiennense, como otros muchos compatriotas. Huíamos del trabajo duro del campo. Cuando todas las labores se hacían a mano y con bestias: burros, mulas, caballos o bueyes... (No existía maquinaria en la agricultura).

—Nos batimos en retirada por una corta proyección profesional y personal. También por el trabajo precario, temporal, escaso y mal remunerado.

Hoy, veinte años después, pienso que dejé atrás, por error, un lugar paradisiaco donde vivir y formar una familia. Un lugar donde reina la paz, donde los humanos y la naturaleza se conjugan para realzar la belleza de su rincón oculto. Donde la sencillez de la vida es perceptible al visitante. Un lugar donde nunca ocurre nada. Donde el tiempo no transcurre a la misma velocidad que en las grandes regiones industrializadas.

Hoy puedo afirmar que esta ralentización es favorable para preservar el medio ambiente de mi pueblo y sus habitantes, y por ende para la provincia, región, país, continente, planeta y todos los seres vivos que habitamos en él.

Como medio de subsistencia, el creador regaló una extensa vega, rodeada por dos ríos: Guadalquivir y Cerezuelo o Reato, sus abundantes aguas riegan un llano de terreno fértil, donde se cultiva todo lo necesario para el subsistir de sus habitantes. Para mi desdicha, este trozo del Edén, se encuentra situado "a mil kilómetros de Barcelona" la ciudad donde trabajo y resido.

Hace unos años cambié la tranquilidad y armonía de un reino de paz —Santo Tomé— mi pueblo, por el nerviosismo y hostilidad que se respira en Barcelona.

Emigré con la promesa interna de volver triunfante algún día a instalarme de nuevo aquí, en mi paraíso.

Las cosas pudieron haber sucedido de otra manera, pero ocurrieron así:

—Abandoné mi pueblo porque me sentía cautivo en una cárcel sin rejas, con la puerta abierta que incesantemente me invitaba a irme cuando quisiera. Soy una persona que ha leído muchas historias, aconsejado desde mi niñez por un párroco extraordinario que supo ayudarme a fortalecer el pilar básico de la vida —la cultura— por esa razón, necesité irme a un lugar donde dar rienda suelta a mi conocimiento e imaginación.

Esta es mi historia, la del muchacho que llegó con dieciocho años y que vio por primera vez el mar. Un emigrante cualquiera, natural de la provincia Jaén, pero comparable a cualquier ciudadano nacido en un pueblo o ciudad de Andalucía, Extremadura, Galicia e incluso las dos Castillas, desde donde fuimos sacados voluntariamente y trasladados de nuestras menesterosas vidas de aquellos difíciles años cincuenta a unas tierras prósperas pero desconocidas.

—Yo no represento a nadie en concreto, pero sí sé que todos los demás emigrantes que abandonaron sus tierras y pueblos, me verán como un reflejo en sus respectivas vidas por lo unívoco de sus motivos.

Me convertí en un joven pueblerino que lanzó un mensaje a sus compatriotas y al mundo:

— ¡Hay que volar, necesitamos auto-enaltecernos, para ello, tenemos que salir de aquí! Vayamos donde vayamos, y pase lo que pase, sé que podremos solventar con éxito cualquier dificultad. Somos personas humildes pero competentes como el primero.

Al partir, el destino, a la mayoría, nos daba igual. De hecho, los más osados se atrevieron con emigrar al extranjero:

—Alemania, Francia, Holanda, etcétera...

Un colectivo más osado aún que los anteriores, se atrevió a cruzar el charco llegando a:

—Argentina, Cuba, Venezuela, Brasil e incluso a Estados Unidos, pese a la dificultad del idioma.

—Todos teníamos el mismo denominador común:

—Huir de la precariedad laboral de nuestro pueblo, que como otros muchos pueblos, ciudades y regiones pobres de la España olvidada de industrias y de inversiones, salimos porque nadie se preocupó de fijar la población.

Cuando éramos más jóvenes solo queríamos salir de aquí. Dejar el pueblo fue como dejarse morir un poco. Todos los que emigramos dejamos atrás nuestros recuerdos de infancia, la familia, el nido protector. Todos sin excepción pensábamos en volver algún día. Nunca olvidaré el día que cerré la maleta de cuero que me prestó el cura. El beso de despedida a mi madre, ni mi primer viaje en tren. Destacaré como prioritario y determinante el vagón donde conocí a Damiana, mi mujer. Partí en busca de un futuro que en mi pueblo andaluz no veía. Me fui contento pero lloroso por dentro. Hoy, como sucediera entonces, las razones para salir siguen siendo las mismas:

—El trabajo, el porvenir, las oportunidades, la familia, el futuro de los hijos. Y consecuencia del continuo éxodo seguimos sumando miles y miles de andaluces en la región catalana.

Al poco tiempo de llegar a Cataluña, una amiga me advirtió que se avecinaban años complejos. El rechazo a los emigrantes era latente. Aparecían con frecuencia pintadas de *Charnegos Fora* esta historia siempre ocurrió. Los andaluces nunca fuimos bien acogidos en Cataluña. Pese a nuestra destacada e importante aportación al progreso de la región.

La emigración andaluza a Cataluña fue tan importante que en los años setenta hubo quien dijo que en Barcelona estaba la novena provincia de Andalucía.

Más de un millón de andaluces que llegaron y llegamos con la intención de volver, a la mayoría nos fue imposible el regreso porque pasado un tiempo nos instalamos y procreamos, lo que nos obligó a posponer el regreso a nuestra querida Patria chica. En mi caso —Santo Tomé— mi pueblo de nacimiento, mi particular paraíso situado en un oculto lugar del planeta.

Con este hecho real —me y nos— llegó la duda a todos los *conquistadores Charnegos* que invadimos Cataluña de volver a sentir el calor patriótico con el que nos educaron y crecimos. Por esa razón nos preguntamos:

— ¿Yo de dónde soy? Aquí, en la tierra donde nacieron mis hijos me llaman *Charnego* y en mi pueblo donde nací me gritan:

—Forastero y emigrante—.

Por esa razón me considero un apátrida, porque no soy de allí por vivir aquí, ni soy de aquí por haber nacido allí.

Capítulo 2

Se barruntaba que, con la llegada de la DEMOCRACIA, llegaría el momento de la prosperidad nacional. Paralelamente se comentaba que antes tendríamos que abandonar todo lo que no nos beneficiaba: ideas, objetos, hábitos e incluso relaciones.

Los *sabios* de la época comentaban que:

—Era la ocasión ideal para repartir riquezas, industrias y trabajo entre las regiones, hoy comunidades.

Era la oportunidad perfecta para equilibrar economías entre regiones.

—Muchos españoles, en los que me incluyo, ni sabíamos, ni conocíamos el significado de la palabra Democracia.

Algunos sabíamos e intuíamos que tras la muerte de Franco se avecinarían tiempos difíciles para todos.

Los nacidos en tierras poco industrializadas, éramos personas con una autodisciplina destacada, modestos por herencia, acostumbrados al trabajo duro y, por ende, pobres y humildes. Eso sí, nos sentíamos —muy españoles y franquistas— pese a estar olvidados por el régimen de la dictadura. Su Gobierno, desde la posguerra apostó por las regiones más *problemáticas* entendiendo que serían más fáciles de someter callándoles la boca: dándoles trabajo y un jornal fijo; sin pensar que lo ideal de la vida, hagas lo que hagas, te dediques a lo que te dediques, lo perfecto es buscar el equilibrio hasta encontrar la equidad entre los pueblos, tanto regionales, nacionales como internacionales.

Esto no es criticar a un Gobierno que, de una u otra manera, supo mantener a España libre de conflictos bélicos durante cuarenta años viviendo en paz. Algo se hizo bien en este país después de una guerra civil, nuestra gran vergüenza nacional.

Los españoles de uno y otro bando no pueden, ni deben obviar, la verdad de lo ocurrido.

—Yo me considero: —UN EMIGRANTE CON SUERTE— y es lo mismo que piensa la mayoría de la gente que me conoce. Pero pese al reconocimiento de mis amigos y familiares, políticos incluidos por haber conseguido con mi gesta ser un prestigioso patrón en el siempre difícil mundo empresarial, me considero un apátrida en mi propio país. Una incongruencia nacionalista que intuyo irá a más.

—Llegué a Cataluña sin un oficio determinado, aunque sabedor de mis limitaciones, también supe que con la actitud adecuada llegaría la aptitud necesaria para triunfar en una región de gentes que cerraba las puertas del éxito a los foráneos. Pero después de casi veinticinco años aquí soy un empresario relevante, gracias a Rosi, —mi primer romance—. Ella me dejó en herencia toda su fortuna.

Al poco tiempo de morir Rosi, encontré por caprichos del destino el amor de mi vida, Damiana. Nos casamos muy jóvenes:

— ¡Ambos disfrutamos de un amor radiante, espléndido y dinámico! Mi objetivo número uno era hacer feliz a la mujer de mi vida, cada día y cada momento de nuestras vidas—.

Llevé a término una vez más, una de las reflexiones de don Eufrasio, mi mentor cultural:

—El amor ejercido es el amor percibido—.

Tenemos siete hijos en común, fruto de un amor que perdura en el tiempo. Junto a Damiana, crecí lo suficiente como para no dejar de enaltecerla nunca en esta vida, ni en la otra, si la hubiera.

Me enamoré perdidamente de ella y de su abultada familia, que la capitaneaba y guiaba con destreza su madre, una mujer que por su experiencia o sabiduría era respetada por el grupo familiar, ella gozaba de la máxima autoridad matriarcal.

Ambos salimos de la Comarca del alto Guadalquivir (Jaén), procedíamos del mismo lugar, un rincón del paraíso, y buscábamos lo mismo:

—Prosperidad—.

Hoy, al inicio de la inminente Democracia en España, puedo decir que soy una persona mentalmente fuerte y físicamente sana:

— ¡Y tengo la intención de seguir siendo lo mismo! —.

Cuando llegué a Cataluña enseguida me di cuenta que la gente te media por el tamaño de tu cartera. Por esa afirmación reaccioné y me dije para mis adentros:

—Yo no vine aquí solo para sobrevivir.

Y desde entonces, siempre tuve claro que el esfuerzo que hacía era para ganar dinero, nunca para otra cosa. Por esa cuestión le digo a mi gente:

—Lo que importa es el dinero, el resto no cuenta—.

Menos mal que... lo principal de todo: me considero un tipo afortunado por tener lo que cualquier ser humano hubiera deseado.

—Una familia a quien formar, querer y proteger, un trabajo cómodo y plural que unido a un doble reconocimiento: profesional y personal, en una tierra que como dije anteriormente, trata con hostilidad a los forasteros llegados de otros rincones del país, salvo en mi caso por ser un solvente y adinerado empresario.

Sobre este particular, no voy a dar ninguna opinión. Me considero más español que andaluz y que catalán, sin olvidarme quien soy, de donde vine y por supuesto, donde vivo.

Soy un ciudadano que defiende el centralismo nacional. Puedo decir que resido en Barcelona, una provincia española donde la mayoría somos:

—Charnegos, por no haber nacido aquí.

En mi holding de empresas, tenemos empleados a muchas personas provenientes de casi todas las regiones de España y, cualquiera de ellos —como yo— se considera un español más. Y como no, también tenemos empleados autóctonos, nativos de estirpe o pedigrí catalán-catalán, tan buenas personas como las que más.

Hay tres maneras de sentirse un triunfador en la vida, después de conseguir el dinero suficiente como para no tener que hacer la pregunta del necesitado:

—¿Cuánto vale o cuesta esto o aquello?

El segundo que es más importante que el primero:

—Cuando consigues vivir con el amor de tu vida.

Y el máximo de todos los logros:

—Es cuando en el amor eres correspondido de la misma e intensa manera, tanto cuantitativa como cualitativamente en calidad de enamoramiento y fidelidad.

Digo esto a modo de aclaración:

—Cuando me casé con mi mujer, Damiana, ella era consciente que anteriormente mantuve una corta pero intensa relación:

—Hubo otra mujer antes que ella—.

—Al ser mayor que yo, Rosi me aportó una experiencia explosiva en un terreno desconocido y ansiado:

—Sexo pasional, sin reparos ni cortesías. Fueron pocos, pero intensos meses. Reconozco que lo vivido tenía más de vicio que de amor.

Esa historia de mi vida, se la conté con detalles al amor de mi existencia, mi señora Damiana, una mujer que era de todo menos frígida.

—Contarle con detalles a Damiana lo vivido con Rosi fue un grave error que nunca me perdonó, pese a asegurarme que no lo tendría en cuenta—. Descubrí por mi sincera confesión que la mujer:

—Nunca olvida, aunque te asegure que te ha perdonado—.

Intenté, con mi confesión, entrar en mi matrimonio con el corazón en la mano y, por esa cognición, le insistí que dejara de mirar al pasado o acabaría interponiéndose en nuestro futuro.

Por esa misma razón, acepté con cierta resignación que mi esposa tuviera una relación estando casada conmigo después de prometerme fidelidad y respeto durante toda su vida.

Un día llegué a casa después de haber estado unos días fuera por un viaje importante de trabajo. Todo parecía normal, estaba contento. Damiana me esperaba tranquila, y cómoda, estaba atractiva vestida con ropa de casa. La saludé y tras el beso empezó a contarme un no sé qué del trabajo, del viaje en avión. —Estaba como ausente— de repente, mi mente se paró en seco, un segundo después mi interior me advirtió:

—*Tu mujer te pone los cuernos*—.

Y le dije:

—Háblame de tu infidelidad, no escondas la mierda bajo la alfombra porque siempre acaba oliendo—.

Lo único que le exigí cuando me enteré de, mis cuernos, fue que me contara todos los prolegómenos antes de consumar el acto. Por esa razón, le rogué que me contestara a algunas preguntas:

—Reconoce que te comportaste de forma errática. ¿Cómo una mujer que lleva casada tantos años con el amor de su vida pudo hacer una cosa así?

A lo que ella, sin en el menor reparo me contestó:

—No desapruebes lo que he hecho, porque lo hice por amor a ti. Ahora escucha los detalles.

—Aquel día me endomingué especialmente sin pensar en lo que ocurriría después. Quise igualar situaciones. Deseaba vivir una historia de placer lejos de ti. Necesitaba comprobar lo que tú sentiste al hacerlo con alguien que apenas conocías y que no amabas, ni amarías nunca.

—Si, pero... yo estaba soltero, era joven y ambicionaba saborear el elixir de la vida. El quién, no importaba, simplemente necesitaba comer el fruto del árbol prohibido. Lo tuyo ha sido una historia premeditada. Reconoce que ha sido una malevolencia rencorosa y vil manera de vengarte de un hecho anterior de mi vida. Reconoce que te has comportado de manera indecorosa.

—Verás, amor mío, las cosas a veces simplemente suceden sin más —respondió la esposa arrepentida.

Yo insistí:

—Pero... ¿me puedes explicar cómo sucedió y por qué ocurrió en la habitación más lujosa del hotel?

—Si insistes te lo contaré, pero antes déjame decirte que lo ocurrido no fue amor. A mí me gusta estar con el hombre de mi vida, el de mis sueños, el que me hace feliz día a día, necesito seguir viviendo y compartiendo todo lo que la vida nos dio, incluyendo nuestras vidas idílicas. Pero como insistes te lo diré:

—Sucedió durante un atardecer, ambos sentimos un extraño deseo, los dos abrimos los ojos al mismo tiempo y en la penumbra, nos miramos sin hablar, y de las miradas surgió la complicidad, nos dijimos palabras de pasión en silencio. Y, sin saber ni cómo ni por qué; allí estaba yo, completamente desnuda delante de una persona que no conocía de nada, cuando de repente pensé que aquello era demasiado. Me sentí conmocionada, traicionada, furiosa e insultada por mí misma, pero también muy cachonda. Quería hacerle saltar los dientes de un golpe y hacerle el amor a la vez. Finalmente... no me preguntes qué pasó, simplemente te diré que fue un momento altamente motivador para mí, al quitarme de la mente el peso de mi vida. Las vistas al mar, el ruido del rompeolas contra los barcos del puerto y el encanto de la suite presidencial hicieron un sublime encuentro.

Empecé a ponerme nervioso por la forma de relatar su encuentro y de ver con la cara de satisfacción que relataba lo ocurrido. Pero me quedé más tranquilo al saber que su momento comparativo ya no era un affaire secreto. Por esa razón, no se lo tomé en cuenta porque los dos seguíamos enamorados. Y somos gente civilizada, juntos, seguiremos formando un matrimonio auténtico, de compañeros de vida.

Ahora pensaré que ella cayó en la trampa más antigua, el amor.

Damiana, una mujer que brilla con luz propia, sin dejar de mirarme, sacó su mejor sonrisa y volvió a hechizarme. Después me indicó:

—Hoy ha sido un día completo, lo que lo convierte en ideal para un nuevo comienzo. Te quiero y te querré siempre amor mío, eres una bellísima persona.

Después pensé:

—Ha sido una dulce mentira.

Seguidamente la miré sin parpadear durante unos segundos y en vez de ponerme ponzoñoso le comenté:

—Eres la mujer más dadivosa del mundo y por esa razón, estoy orgulloso de poder compartir toda una vida contigo. Te amo tal y como eres, y hoy, un poquito más, por tu franqueza. ¡A la mierda el mundo con sus prototipos de mierda! Y... ¡Viva los cuernos consentidos!

—Ahí, creo que me pasé un poquito al gritar con exaltación la colocación de mis astas—.

Dami reaccionó rápido diciendo:

—Desde aquel primer momento en el tren. Desde que las chispas del amor saltaron e invadieron nuestros corazones, siempre supe que estaríamos locamente enamorados de por vida.

Y, Damiana volvió a utilizar su mirada más lujuriosa para comentarme:

—Eres atento y cariñoso, también débil y vulnerable a cualquier petición o insinuación mía. ¿Cómo no te voy a querer? Si eres lo mejor de lo mejor.

La miré mostrándole un silencio sepulcral mientras me decía para mis adentros:

—¿Por qué todos los que conozco me adulan y respetan? Con la edad que tengo he vivido más que la mayoría en diez reencarnaciones. Pero... Nicolás, tu mujer te acaba de atolondrar con su verborrea. Al poco tiempo reaccioné diciéndole:

—Digamos que los dos somos guapos y rebosamos talento, pero con sexualidades diferentes, lo que nos da un plus de atracción para seguir enamorados.

—Tienes razón amor mío. Lo que creo es que, con el trabajo, los niños, la familia, últimamente nos faltó tiempo para nosotros. Creo que ha llegado el momento de iniciar nuevos proyectos con el compromiso de irradiar siempre vibraciones positivas.

Yo esperaba que Damiana llorara como una plañidera o al menos que acabara jipiando, pero no, ella no es como las demás.

Damiana una mujer súper inteligente, sabía lo de... —mi amor secreto por mis ojos abstraídos— e intuía que nunca borré de mis pensamientos afectuosos el apego latente que procesaba a otra mujer, sin saber que se trataba de la joven novicia.

Soy una persona callada que cuando habla exige que se la escuche. La historia que procesa mi mente lujuriosa por la religiosa, nunca la revelaré. ¡Jamás! la contaré a nadie y menos a Damiana, mi mujer:

—Nunca se lo conté y en ningún momento se lo revelaré ¡en la vida! Vayamos a que quiera acostarse con otro tío.

Como dije anteriormente:

—Las mujeres en general y la mía en particular, ni olvidan ni perdonan nunca una infidelidad. Ellas entienden que se trata de la ruptura de una promesa contraída en el matrimonio, noviazgo o unión libre.

Pese a la gravedad del deseo sexual por la novicia y de lo que acontece permanentemente en mi mente. Damiana sabía de la vigencia perenne de mis pensamientos amatorios por ella o por otra desconocida mujer. Pero pese a sus barruntos, nunca me insinuó nada al respecto.

Después de las reflexiones, dichos y comentarios, me acordé de una frase de don Eufrasio:

—*En la vida hay momentos que lo cambian todo*—.

Y pensé:

—Este será uno de ellos—.

Seguí cavilando:

No me dejaré llevar por mis instintos de macho Alfa, ahora también cornudo. Seguiré los dictámenes de mi afligido corazón.

De momento esta noche ha acabado con todas mis expectativas de pensamientos lascivos que había estado acumulando para mi regreso del viaje de negocios.

Pensaré que mi trabajo me llena enormemente y por eso digo a todo el mundo:

—Cuando amas lo que haces no tienes que trabajar en tu vida. Después pensé en una de las muchas reflexiones de don Eufrasio:

—*Nunca vivas el presente a costa del futuro.*

Capítulo 3

El mundo de la emigración vivía ajeno a todo, realidad incluida. La negativa de los nacionalistas a acoger e integrar a más españoles era latente. Los acérrimos, ignorantes e insolidarios catalanes, no entendían que las prioridades de los humanos, en ocasiones extremas, fueran otras. El anhelo por la subsistencia y la lucha por el bienestar de los suyos, no les dejaban margen para la duda del movimiento.

Los españoles de otros lugares deseaban y tenían necesidad de emigrar. Y por esa misma razón vuelve la mente a recuperar palabras aconsejadas de don Eufrasio:

—Las dificultades no son más que un trayecto en el duro camino de la vida.

A esa misma deducción debió llegar la gente que abandonaba sus pueblos con un miedo pavoroso, llorando por lo que dejaban abandonado a su suerte, y así, entre lágrimas y sollozos entraban en la tierra del maná. Lugares donde en su mayoría, los recibían con cierto reparo y desprecio. Muchos de los nativos creían que llegaban para quitarles el trabajo de su día a día.

Nada era así. Llegaban con juventud emprendedora a enriquecer aún más a unas regiones privilegiadas por los gobiernos:

—Los de antes y los de ahora—.

—Yo —un emigrante con suerte— hoy, como otros muchos emigrados como yo, me considero un apátrida. Antes, al principio de mi periplo aventurero, cuando llegué hasta aquí me sentí como mis compatriotas recién llegados un —sin país— que, como ellos, llegamos con el afán impetuoso de encontrar un porvenir que asegurara nuestro futuro.

Por esos motivos y como conocedor de la fragilidad del recién llegado y sabedor de las dificultades que les esperaban, —ahí estaba yo— dispuesto a arrimar el hombro por mi gente. Los recibía con los brazos abiertos e intentaba ofrecerles un trabajo próspero y los encaminaba a encontrar un alojamiento con el afán de mitigar el momento tan controvertido.

—Muchos y muchas que, como yo, veneraban a su monja particular, dejaron escapar en silencio el verdadero amor de su vida en aras de un trabajo digno lejos de su tierra y de su gente.

Mientras que aquí, el tejido económico crecía vertiginosamente en las zonas más pobladas e industrializadas, en las regiones vaciadas ocurría lo contrario, cada día que pasaba era más alarmante que el anterior. Pueblos vivos que se veían diezmados y convertidos en zonas deprimidas.

Si hubo que destacar un hecho importante en el continuo éxodo humano de los años setenta, en el menoscabado incesante de los pueblos, fue el descubrimiento del talento de la mujer rural que en aquellos tiempos estaba muy poco considerado.

Existía una creencia generalizada de la superioridad del hombre sobre la mujer, reconocida incluso por ellas mismas, fruto de una idea heredada, transmitida y admitida por sus antepasados.

—La primera vez que la **mujer** pudo **votar en España** fue en las elecciones generales el 19 de noviembre de 1933. (Hace solo 88 años).

Una de las primeras mujeres de la edad contemporánea que la sociedad *elitista* reconoció su valía, fue Damiana, mi esposa, la mujer de —un emigrante con suerte— el patriota que se sintió sin patria cuando llegó a la región catalana.

Ella se hizo valer en el mundo empresarial obteniendo unos resultados brillantes, gracias a su determinación perfectamente gestionada en la cadena hotelera. Y con las obras de arte se convirtió en una de las mujeres más ricas y desconocidas del país.

Ahí, creo que tuve algo que ver en los logros obtenidos por las mujeres:

—Jamás permití que el salario de una mujer fuera menor que de un varón, haciendo el mismo trabajo.

Descubrí su potencial al ver como educaba a mis hijos y como manejaba a sus hermanos.

Revelé que era como —*la abeja reina de la colmena*— y que todos los de su alrededor ejercíamos como abejas obreras.

Ocurrió un día que amaneció en silencio, sin nubes, uno de esos días que al mirar hacia arriba te encuentras con un cielo azul, profundo, limpio y luminoso. Acababa de reñir a los niños. La veía seria y preocupada. Miré al radiante cielo y me dije:

—Si mamá no está contenta, nadie lo está—.

Desde ese instante supe que tenía que nombrarla: directora general de la cadena hotelera. Damiana se encargaría de todo cuanto acontecía en los hoteles del holding empresarial de la familia. Como heredera matriarca que ¡Ya! ejercía de hecho, se encargaría de la familia, los hoteles y los restaurantes, priorizando el cuidado de sus siete hijos.

—Damiana, es de las pocas mujeres capaces de criar a los hijos generando un ambiente de confianza, respeto y positividad. Con una mirada detecta las necesidades reales de los retoños, solo con una ojeada, es capaz de descubrir las exigencias del hijo. Al final de la "contienda" los dos: madre e hijo salen felices, reforzando su complicidad entre ambos. Lo que la convierte en una buena madre, además de una gran empresaria capaz de gestionar los recursos humanos de todas las empresas. Damiana lo tiene todo. Es una mujer resolutiva.

El tejido industrial en la ciudad Condal agitaba un trasiego humano desmedido. Las empresas hacían mover a sus administradores, ejecutivos, representantes, vendedores y compradores e incluso a otros empresarios de todo el país y, por consiguiente, las reservas hoteleras se hacían de un año para otro, fruto de su buena gestión.

Sus restaurantes en los hoteles daban una comida exquisita. Elaborada por los frutos de la huerta que cultivaba su madre y su hermano mayor en los campos cercanos a la casa donde residían, junto a la chatarrería. Las gallinas andaban sueltas por el campo, por ello, daban unos huevos frescos y jugosos. Criaban pollos de raza, conejos, cabritos, cerdos y terneros. El autoconsumo y el autoabastecimiento a los hoteles salían de la granja y huertas que gestionaba y trabajaba la familia. Conseguía sabores de toda la vida en honor a su tierra del alto Guadalquivir.

Una de las muchas especialidades:

—*Habichuelas con oreja como las hacía su abuela pero con su toque y chispa particular.*

Así consiguió fidelizar a una clientela que llagaba de diversos lugares de España y del extranjero. Una buena comida regada de toneladas de cariño.

El negocio de coches nuevos y usados, desguace y chatarrería lo negocian un hermano de Damiana, otro, con una mente prodigiosa.

La decoración de:

—Bustos, figuras, floreros e incluso los cuadros de las habitaciones los hacía su padre y su hermana pequeña que heredó lo de — manitas— en la chatarrería y desguace de la empresa.

Era tal la admiración de los trabajos realizados, que muchas de las figuras que hacían con los restos y piezas del desguace automovilístico, y de objetos que les traían para vender los llamados *traperos* a la chatarrería,

las vendían a precios importantes en los propios hoteles de la compañía.

Esta destacada heroína, siempre abanderó la humildad como su estandarte de vida. Tal vez ese fue el fruto de su éxito. Se convirtió en la reencarnación del rey Midas. Ganaba dinero por doquier, a veces queriendo y otras sin proponérselo.

Por este hecho, no pasó desapercibida para la sociedad empresarial catalana. Fue galardonada por su abnegado esfuerzo, y enaltecida como un ejemplo de mujer trabajadora y emprendedora.

El premio lo recogí yo, en su representación. Algunos de los presentes que no la conocían pensaban que el premio se lo dieron por ser, yo, Nicolás —el sin patria— al que calificaron como *—un emigrante con suerte—* su marido. Alegando su ausencia —por razones familiares—. Ella se quedó en casa por decisión propia cuidando a su familia.

Al final, tomando un vino, comenté a mi círculo más íntimo:

—Con la designación de este gran premio. Es ella la que premia al propio premio. —Y continué diciendo:

—Yo nunca hubiera llegado a alcanzar este nivel empresarial sin la encomiable ayuda y apoyo de mi esposa Damiana.

Un día me dijo:

—La ambición es buena y necesaria. Es espíritu del poder y del triunfo—.

—Dime, ¿cómo es ella? —preguntó Jorge su amigo del alma, el que fuera alcalde de Barcelona durante tantos años. Hoy, dirigente en la sombra del partido que aspira a gobernar la región catalana.

A lo que le contesté con sinceridad:

—La respuesta es fácil:

—Ella es de las personas que han nacido para servir, no para ser servida. Damiana es una mujer hacendosa, discreta, meticulosa, pragmática e inteligente, reservada y, sobre todo, humilde. Huye del foco. Pese a su ausencia, ella ha encajado la nominación con sumo orgullo. Cree que este galardón es un reconocimiento a las mujeres trabajadoras y emprendedoras de nuestro país. Aun así, prefiere pasar desapercibida. Ella reivindica los derechos de la mujer con hechos de convivencia y con realidades empresariales y familiares.

—Precisamente su dedicación al trabajo y a su implicación en la vida familiar, ha sido motivo de algunas de sus reflexiones más potentes. De hecho, en diversas ocasiones ha reconocido y por este orden que es una mujer:

—Esposa y madre que abandera el papel de las mujeres que se esfuerzan día a día por mantener el equilibrio entre su carrera profesional y su vida como madres.

Sus 7 hijos le obligaron a ejercer como muchas mujeres lo hicieron a lo largo de la historia antes que ella:

—Priorizando las carreras de sus respectivos maridos a la suya propia.

Auspiciada por el interés de su amiga Monserrat, esposa del mítico alcalde de Barcelona, Damiana se fue haciendo de una de las colecciones de arte más importantes de Cataluña. Entró con este hecho dentro —del poder económico de España y de Europa— ella se fijó en el interés que mostraban las grandes corporaciones del país por el arte.

Damiana quiso atesorar obras de artistas contemporáneos con poca o ninguna presencia en los museos públicos. Artistas jóvenes con proyección de fututo sin una diáspora importante, y de algún que otro artista consagrado.

Eran artistas asequibles y que hoy solo pueden permitirse multimillonarios y oligarcas.

Poco a poco y sin molestar, fue haciéndose de un catálogo amplio para muchos y corto para ella. Por esa razón continuó adquiriendo:

—Hoy un cuadro, mañana una escultura acompañada de algunas fotografías únicas.

Ella compraba sus obras de forma constante siguiendo cualquier ruta posible: subastas, galerías, herencias. Arte contemporáneo, pero también antiguo.

Muchas personas amantes del arte empezaron a preguntarse:

¿Dónde y quienes podían visitar su afamada colección?

Todas sus obras se podían visitar en los salones de sus hoteles. De lunes a viernes, los clientes del hotel la podían visitar gratis, simplemente mostrando la llave de su habitación. Sábados y domingos se abrían al público en general, pagando una entrada. Todas las visitas eran guiadas por un especialista en arte.

Muchos decían que eran copias y que las originales las guardaban en una caja fuerte que tenía en el sótano de su casa, pero no era verdad. Todas las obras expuestas eran auténticas y únicas.

Nadie hasta ahora ha podido ratificar o negar sobre este asunto.

Ella sí que tenía a buen recaudo una relación de todas sus obras clasificadas por estilos y con un precio de mercado actualizado, con el objetivo de presentar a la compañía de seguros, en caso de ser robada algunas de sus más de 500 obras de arte entre cuadros y esculturas.

Capítulo 4

Eran los momentos gloriosos del macho alfa a las puertas de la Democracia.

Año tras año, volvíamos en agosto de vacaciones al pueblo de cuna, Santo Tomé, en el alto Guadalquivir. A nuestro Jaén paraíso interior. Como todos los que emigramos en busca de un futuro mejor.

Yo era uno de esos emigrados que desde que veía la señal de tráfico en el cruce del Molar y Santo Tomé, en la comarcal A-315, brotaban en mi interior todos los recuerdos de mi infancia, algunos buenos y otros no tanto, pero eran mis recuerdos.

Como nosotros, todos los emigrantes de España retornábamos a nuestros orígenes como manada de ovejas al redil. Celebremos los reencuentros en nuestros lugares de origen, sabedores de que nuestros familiares y amigos siempre estarían ahí, deseosos por vernos, abrazarnos, reírnos y de recibirnos mutuamente. Por ello, los pequeños negocios enarbolaban la bandera del:

—Aprovechad los días estivales de los emigrantes, extranjeros, de los apátridas.

Nosotros, y todos los retornados sabíamos que volvíamos a casa, nuestro acogedor destino de proximidad con los de siempre. Todos sabíamos que nos encontraríamos un lugar donde el descanso se funde en un mismo plano con la naturaleza y, donde la luz resplandeciente acaricia todos los rincones del trozo del paraíso. Donde los habitantes, familiares y amigos, nos recibían año tras año con todo el amor y la energía de que disponían. Era como si alguien nos cubriera con un bálsamo sobre nuestros sensibles y endurecidos corazones a la vez.

Para nosotros y para nuestros hijos, era un regreso al pasado, retomar los orígenes de nuestros antepasados. Nuestros hijos y por supuesto nosotros, volvíamos a sentirnos como en casa. Personalmente cuando llegaba, dejaba que los sentidos se explayaran, disfrutaba con gran deleite cada minuto. Era para mí, como un lugar común e indeleble al que siempre quise, quiero y siempre desearía volver.

Nosotros como matrimonio, Nicolás y Damiana, estábamos encantados de compartir y rememorar momentos de niñez y juventud con nuestros colegas emigrados y con los más negados a salir del pueblo. Ellos seguían fieles a su tierra, pese a que muchos de ellos vieron partir a sus hijos jóvenes del pueblo.

Los que no se atrevieron a emigrar o simplemente no lo necesitaron, vivían veinte o treinta años de retraso con respecto a los que nos expatriamos quince o veinte años antes.

Por esa razón, la mujer rural seguía pensando sumisamente. Una esposa se entrega de por vida a su marido como un cura ofrece su castidad a Dios.

—Hasta que la vida los separe.

Mientras que al marido se le permitían ciertos escarceos amorosos, a la mujer nada era así.

Es una lástima discutir desde la ignorancia, por esa razón lo aceptaré sin más.

Cuando llegábamos a nuestros respectivos pueblos, todos dábamos validez a un pacto no escrito, ni hablado:

—Prohibido contar problemas de allí a los de aquí, porque cada uno tenemos los nuestros allí, pero no aquí.

Intentábamos no mostrar vulnerabilidad. Volvíamos como nos fuimos, curtidos por nuestros juegos duros en la calle. Ahora, después de haber sobrevivido a *juegos* aguerridos, reconocemos entre nosotros que fueron *entrenamientos de supervivencia callejera.*

El primer día hablando con un vecino que emigró a Alemania me dijo:

—Las sensaciones que transmite y recibe aquí, le da fuerza para volver al sueldo fijo de Alemania. Nos fuimos de aquí porque nosotros mismos infravaloramos nuestro talento de juventud, y por esa razón nos vimos obligados a emigrar, para agarrarnos con las dos manos al empleo fácil y la nómina de final de mes que nos facilitaba un sueldo digno para vivir. A cambio, con nuestra huida menospreciamos una tierra única para nosotros, incluyendo el buen clima que tenemos aquí.

Él dijo que había quedado con su pandilla de amigos. Nos despedimos y quedamos en tomar algo juntos un día, sin especificar fecha ni lugar.

El bar era el lugar para el reencuentro, solo para hombres —excepto para mí, que siempre iba acompañado de mi esposa Damiana a hacer la *liga* antes de comer.

El bar, el lugar elegido para los encuentros sin fecha ni horarios de queda. Donde las palabras deleitaban a los grupos rememorando historias vividas aquí y no de allí, si acaso alguien comentaba algo de allí, lo hacía de forma trivial, nada digno de mencionar.

Un hombre sabio de edad muy avanzada, uno de los pocos que se aferró a no salir del pueblo, contestó a una pregunta que le hizo uno de los del grupo de *emigrantes:*

—Francisquito, ¿cuál es la clave para conservarte así de bien?

A lo que este hombre respondió con naturalidad:

—No hay secreto alguno, la clave de nuestra longevidad y de nuestra potencia sexual está basada en la ingesta continuada de nuestro aceite de oliva virgen extra.

—No lo creo, Francisco —afirmó Jacinto, uno de los que emigró a las Vascongadas.

Éste le respondió con un entendible mensaje:

—Veréis, aquí en Santo Tomé y rodeado de estos parajes idílicos del universo, se celebró la gran batalla de Baécula, la más importante de las tres contiendas púnicas. Escipión, el africano, nombrado Capitán general de todos los ejércitos de Roma, tomó tras la batalla en el 210 a. C. el asentamiento de cartagineses que estaba ubicado en el cerro de las Albahacas. Donde se batieron a espada, lanza y flechas, jóvenes guerreros: romanos y cartagineses, muchos de los osados combatientes murieron con honor en ambos bandos. Después del enfrentamiento los cadáveres sembraron el cerro y sus aledaños. Soldados de uno y otro frente que yacían desangrados, degollados y destripados. Todos ellos muy jóvenes. Fueron enterrados in situ, en el cerro de las Albahacas y sus colindantes. Lugar donde se plantaron los olivos que año tras años nos regalan las aceitunas que exprime la Cooperativa Santo Tomás, en Santo Tomé (Jaén).

—Y, ¿eso que tiene que ver? —preguntó un paisano que emigró a Andorra.

—Es el potente diferencial de un aceite al de otros lugares del mundo. Veréis.... Y continuó diciendo:

—El espíritu o el alma de los muertos se queda vivo junto a su cadáver para siempre. Al plantar los olivos justo encima de los fallecidos, la planta, al nutrirse absorbe la juventud del bizarro soldado a través de su savia, y, por ende, regalando al fruto la mencionada característica, un valor añadido único en el mundo: fuerza, valor, hombría, potencia... Este hecho, nos otorga a los que consumimos este oro verde, este zumo puro de aceitunas con denominación de origen "Sierra Cazorla", este aceite virgen extra sale de la cooperativa Santo Tomás Apóstol con un alto valor cualitativo en prolongación y virilidad masculina que justifica el alto índice de natalidad de madres jóvenes y de edad avanzada y por supuesto de su prolongada longevidad.

—Puede tener razón el tío Francisquito. Sin ir más lejos, sirva mi hombría como ejemplo: tengo 7 hijos y mi instrumento reproductor responde en mis obligaciones de alcoba igual que cuando era un zagalón.

—Como persona influyente y mediática que soy, tanto en el mundo empresarial como en el social de Cataluña y España, utilizaré sus afirmaciones para abrir una ventana al mundo para nuestro particular _oro tomeseño_ —repliqué y apoyé en un acto de convencimiento la teoría de Francisco.

Tras mi afirmación, todos los contertulios que eran mayores que yo y con mi mujer allí presente, asintieron convencidos por lo que decía el bueno del tío Francisquito.

Don Juan, el maestro escuela, que se encontraba en posición _codo-barra_ con un botellín de cerveza en la mano, y un cigarro en la otra, quiso apuntalar la teoría y comentó:

—No he podido evitar oír la conversación. Y si me lo permiten, quería decirles que tiene razón el Sr. Francisquito. Quiero hacer constar antes de continuar, que la palabra sexo suena fatal cuando se dice en presencia de una dama. Discúlpeme, señora, por lo que voy a decir.

Damiana, que estaba maravillosamente acicalada, fijó la mirada en el anciano profesor y, con una bonita sonrisa le comentó de buen grado, por sentirse desplazada por el comentario, destapó sigilosamente el frasco del sarcasmo:

—Que va, todo lo contrario. Por favor no se cohíba y diga cuanto desee decir. Que mi presencia no merme sus diálogos machistas.

—Está bien, continuaré —dijo el recatado maestro—. Diría más, parece una misión imposible hablar y disfrutar de las relaciones humanas en el campo amoroso sin acritud, respeto mutuo y naturalidad, como muchas sociedades del mundo así dictaminan alrededor. Lo más natural y, sin abusar de terminologías lingüísticas, estoy convencido que con el consumo del mencionado aceite el ambiente se caldea con un fuego más vivo, su llama desprende más luminiscencia. Lógicamente este hecho tiene una respuesta científica. Lo que sí parece claro es que el consumo habitual del (AOVE) de la cooperativa se relaciona con una mayor longevidad. Ahora por motivos obvios de tiempo, no puedo seguir narrando, mi mujer me espera.

Los demás se quedaron boquiabiertos por las palabras del maestro.

Nicolás, un hombre culto, pero sin el título académico que lo acreditara como intelectual, habló en nombre del grupo:

—Es evidente que la suerte siempre favorece a las mentes más preparadas. Por esa razón, os diré dos cosas:

1. ¿Nos llenan aquí o cambiamos de agüero?
2. No existe mejor alimento para la salud que el aceite de oliva virgen extra de la cooperativa de mi pueblo. ¿Es así o no?

—Pese a que pinta a enreda, os invito a una ronda, pero sin mi presencia —comentó el profesor.

—Nosotros nos vamos, Nicolás, que tengo que hacer la comida a los niños —dijo Damiana un tanto apurada después de su tercera ronda de cervezas.

Nicolás, que se encontraba a gusto con sus amigos le dijo a su esposa:

—Para aprender, nada mejor que poner a prueba los límites. Si quieres, te adelantas y vas preparando la comida o los llamamos y que coman aquí lo que sea.

—De eso nada, ¡llena Pepe, ésta la pago yo! —comentó Damiana con la voz y valentía que dan tres cervezas sin tapa.

Ella decía que la tapita le engordaba.

—Pues no se hable más. Además, no te preocupes, mi madre les dará la comida. Solo que habrá que avisarle de que nosotros vamos a tardar un poco.

—Y vosotros, ¿no tenéis que decirle nada a vuestras mujeres? —preguntó Damiana con cierto rin-tin-tin.

—Mi mujer está donde tiene que estar, en su casa, esperando a su marido.

A Damiana las cervezas le desataron la lengua y perdió la vergüenza. Cansada de miramientos obscenos cargados de lujuria, le comentó a los del grupo de amigos y en particular al que había dicho eso:

—Vale, vale, allá tú. Pero cuando tu mujer se entere que has estado tomando cervezas con la mujer de Nicolás, ella pensará que eres maravilloso y si ahonda un poco más, también cavilará que la pelirroja, la que suele aparecer por el pueblo con ropa ceñida, la que dicen que es una mujer excepcional, un icono de deseo sexual y que el sexo es altamente motivador para ella, hecho por el que muchas de vuestras mujeres, cuando se enteren, me verán como una zorra pero le podéis añadir que amar a los demás me llena enormemente y expreso y hago el amor de forma natural sin contar el número.

—Mi esposa nunca pensará eso de usted, mujer —dijo el maestro.

El resto de maridos se mantuvieron callados.

—Lo sé, vosotros nunca pensaréis eso de mi mujer, por supuesto que no, pero si alguno lo pensara se las tendría que ver conmigo y eso es algo que no aconsejo a ninguno de vosotros.

— ¡Llena Pepe! Que ahora me toca a mí.

Pepe que era más amigo que camarero, se limitó a llenar, sabedor del mal humor que se gastaba alguno del grupo cuando le llevaban la contraria.

De allí no se movió nadie hasta que Damiana dijo con su lengua estropajosa provocada por el *medio peo* que llevaba encima:

—Soy hermosa y todo el mundo me ama. Respeto mi cuerpo y lo trato bien. Soy la personificación de la tía buena y eso me encanta. Adoro cada una de mis cavidades. He tenido una carrera meteórica que me ha llevado a ser portada de las revistas más importantes de Cataluña y del país. Soy de esas mujeres que prefieren no sonreír antes que hacer una sonrisa falsa. Hoy me he tenido que adaptar al ambiente. He tomado siete rondas. Con este hecho reconozco que me he saltado todos los semáforos. El alcohol me ha obligado a ignorar el rojo intenso que desprenden su luminiscencia.

Espero que mañana, a la *liga*, vengáis con vuestras mujeres. Ahora, ¡¡vámonos a casa, cabroncetes!!

—¡Ah! Otra cosa, podéis asegurar que la toma continuada de AOVE de la cooperativa, influye positivamente en el sistema reproductor masculino.

Capítulo 5

—¡Nunca comerciaré con fanáticos nacionalistas con agrado, ni con nadie que quiera la desegregación de España!

—Desde que llegué con dieciocho años a esta región española, nada ha cambiado en las mentes obtusas de los acérrimos nacionalistas, ellos se creen mejores que nadie por haber nacido en una comunidad española, donde los gobernantes de ayer y de hoy intervinieron y siguen haciendo caer la balanza para que su despegue económico continúe.

—Por el contrario, el infortunio económico e industrial era, y es, continuo en territorios desfavorecidos de la España menesterosa. Una incoherencia provocada por los mismos gobernantes que incesantemente ayudan a las comarcas ricas.

—Pese a que la acogida de los emigrantes andaluces, extremeños, manchegos y gallegos principalmente en Cataluña, nunca fue una luna de miel, las autoridades seguían acogiendo emigrantes por necesidad, pero con recelo, mientras que los empresarios los acogíamos con satisfacción. En contrapartida, los obreros catalanes siempre desconfiaron de la emigración, sobre todo de la andaluza por creer que era una dura competencia, bajos salarios y malas condiciones de trabajo.

En medio de esta incertidumbre, el autobús viaja incesante cada semana desde mi pueblo del alto Guadalquivir hasta Cataluña.

Un día de la semana señalado por el conductor empresario y autónomo local del mes... da igual, el autobús partió en plena noche por el sendero de las luces y las sombras con dirección a Barcelona. En este viaje —entre otros muchos— iba mi primo Norberto y su familia, convencidos de que hacían lo correcto.

Cansado de estar mano sobre mano, y de observar con recelo lánguido la huida de jóvenes a Cataluña, inició a despotricar mentalmente una serie de frases que justificara su huida.

—Este lugar está muerto. Me voy pero lo haré como si de una trashumancia se tratara. La falta de trabajo y de futuro me empuja a hacerlo, como lo ha hecho a miles de jóvenes y familias enteras. Además, nos vamos a buscar un porvenir en la región más próspera de España, Cataluña.

Norberto sabía cómo nadie que: —sin humor todo se hace mucho más difícil, y por eso pensó en su chiste favorito de albañiles:

—*Los albañiles irán al cielo por sus buenas obras.*

Apenas habían recorrido unos kilómetros y a Norberto le invadía la nostalgia. Se le escaparon varias veces las lágrimas. Él, a medida que se alejaba el vehículo de su tierra, su mente aceleraba para decirle:

—Adiós a mi tierra idolatrada, adiós a mi gente, adiós a mi vida, adiós a mi patria chica. Espero que mi pueblo y los pocos que van quedando, no mueran ahogados con sus propias lágrimas de añoranza, por las incesantes huidas a tierras desconocidas de sus lugareños. Y siguió reflexionando:

—Dejo en manos del destino mi huida hacia un empleo nuevo. Huyo sin saber por qué. Voy a buscar un porvenir a un lugar ignoto para mí, sin antes haberme redimido e intentado encontrarlo o inventarlo aquí, en mi sitio de cuna.

Y continuó pensando para sí mismo:

—No es digno, no es digno que llores, maldecía.

De pronto, se abrió la noche, las estrellas alumbraban el paisaje que pasaba a gran velocidad, como si supiera que Norberto y su familia, se iban para alojarse en un destino sin regreso a su lugar de nacimiento, pidió como regalo de cumpleaños:

—Volver triunfante a su ¡ya! añorado recóndito lugar del paraíso—.

Cuando los ojos decidieron cerrarse por el cansancio, ayudados por el sonido incesante del viejo motor del vehículo, le vinieron a la mente las palabras de su primo e icono Nicolás:

—Mis escapadas bianuales al pueblo: —verano y Navidad— las necesito para volver a cargar las energías para poder soportar mi vida fuera de mi ámbito, del territorio de mis antepasados—.

Nicolás y Damiana, dos personas idolatradas por los habitantes de los pueblos del alto Guadalquivir. Tanto uno como otro se comentaban en la intimidad:

—No nos podíamos ni imaginar la suerte que tendríamos cuando llegamos a Cataluña.

Yo, Nicolás, el apátrida más conocido del pueblo, me convertí en el faro de referencia de mis paisanos y vecinos, de todos los pueblos colindantes.

En su memoria, Norberto iba guardando toda la información que estaba viendo, sintiendo y viviendo. Él, pese a su joven edad, se decía para sus adentros:

—Algún día deberé contar estas vivencias antes de que me despida del mundo. Mientras su mirada de ojos cerrados contemplaba el techo del autobús, su mente piadosa demandaba a Dios que no lo dejara fuera del paraíso demasiado tiempo. Llevaba menos de dos horas viajando, y ya necesitaba volver a ver a su abuela.

Circularon sin parar hasta las cuatro de la madrugada. El autobús paró media hora para que los viajeros evacuaran y tomaran algo en un bar de carretera, concertado con el conductor y dueño del autobús, situado entre los límites de las provincias de Albacete y Valencia.

Dentro, muy dentro de aquella caja larga con ventanas y ruedas, permaneció una mujer misteriosa que ocultaba su rostro. Se quedó sola, garabateando su libro de hojas en blanco sobre la única persona a la cual le confiaría los secretos de su vida.

Norberto, uno de tantos de aquí, que —criticaban a los emigrados allí, cuando volvíamos de vacaciones en el mes de agosto, navidades o ferias locales— se estaba convirtiendo, sin quererlo, en uno de ellos, de los de allí. Él, se juró a sí mismo que no cambiaría nunca, prometiéndose que:

—Yo nunca evocaré ser rico, ni ambicionaré tener un coche, ni renunciaré al amor de la muchacha que nunca tuve el valor de declararle mi deseo de compartir una vida junto a ella. Yo siempre seré como soy, jamás cambiaré mi acento andaluz, ni mi voz, ni mi forma de ser, y no permitiré que mis convicciones sean cambiadas por nadie:

—¡Lo juro por... por las clavijas de mi carro! —.

Con estas premisas, entró el bueno de Norberto a Barcelona. Él, como todo ser humano cuando visita una ciudad nueva, la curiosidad de los viajeros del autobús era latente. Su mente enseguida hizo la comparativa entre unas viviendas y otras.

Norberto, un caballero andaluz que llegaba a Cataluña transportando una maleta con las herramientas necesarias para edificar una casa:

—Paleta, palustre, plana, martillo, cincel, plomo y nivel.

Un maestro albañil de los de antes, de los que hacían una casa sin la ayuda de un arquitecto, perito, aparejador o delineante.

El conductor quiso pasar por el corazón de Barcelona para que sus paisanos descubrieran la Sagrada Familia. Al llegar a la puerta, se detuvo y les explicó que fue diseñada por el arquitecto Antoni Gaudí y que la construcción se empezó allá por el año 1882, y que todavía está en construcción. Norberto al ver la obra de arte comentó:

—Que albañiles tan buenos hay por aquí.

En aquella época eran los propios emigrantes quienes se integraban entre sí. Después iban escalando posiciones en la escala socio-profesional de la industria local. La distancia y el orgullo común por su tierra añorada, sirvieron para que los llegados de otros lugares se unieran en defensa de sus intereses.

La inserción social nunca fue una historia sencilla. Seguían apareciendo pintadas de:

—"No necesitamos más andaluces". "Charnegos fuera"—.

A día de hoy, los choques entre comunidades no solo no han desaparecido, sino que siguen enfrentadas con más inflexibilidad.

Muchos catalanes preferían y prefieren a emigrantes de otros lugares más lejanos antes de acoger a la emigración de las zonas pobres de España.

Yo, sin embargo, trataba de imbuirles un espíritu ganador que no traían. Sabedor de que aquellos que no cambian de opinión, son los que nunca cambian nada y a esa cuestión se enfrentaban los recién llegados. Y sin querer, volvía a brotar en mi mente otra cita de don Eufrasio:

—*A veces hay que atravesar la oscuridad para llegar a la luz.*

Desde que llegué supe que regresaría triunfante algún día a mi tierra. Sin predecir si sería a corto, medio o largo plazo. Pero regresaré porque aquí soy un apátrida, aun sabiendo que mi tierra también me cataloga como un errante, creo que serán flexibles y dejarán de considerarme un extranjero y me aceptarán como lo que soy, uno de los suyos, pese a ser un abanderado de la emigración de mis compatriotas.

Estas realidades forjaban mi bienestar exterior, mientras se acentuaban los lloros en mi interior.

Capítulo 6

Yo, Nicolás —un emigrante con suerte— sé por experiencia que los de allí y los de aquí, siempre tuvimos el codo bien engrasado. En los bares de uno y otro lugar, cuando te sentías a gusto tomando unas cañas o vinos, en compañía de familiares o amigos, siempre salía de una garganta adicta a la amistad la frase de:

—¡Pepe llena! —Y Pepe, como buen camarero estaba tan encantado o más que nosotros con la compañía, llenaba y llenaba, hasta que uno del grupo decía:

—¡Joder! La última cerveza que mal me está cayendo.

Recuerdo una frase de don Eufrasio:

—Las grandes cosas solo le pasan a personas extraordinarias—.

—No sé a cuento de qué viene esta última cita de don Eufrasio, pero me apetecía decirla. Tal vez, cuando hablo de cervezas mi mente me traslada a esos encuentros maravillosos e interminables con los amigos y amigas, donde hablábamos y hablábamos sin decir nada.

Ahora en serio, siempre dije que:

—Haber nacido y gozado con tu niñez y juventud, en un pueblo chico y haber gastado gran parte de tu vida en una capital grande como Barcelona, te da una sabiduría de vida adicional, un plus que los —inamovibles urbanitas— nunca tendrán.

Después de tantos años en Cataluña, he descubierto que todos nos hemos hecho menos sociables y más independientes que cuando llegué:

—Sí, Nicolás, sí. Me dije a mí mismo y continué auto-diciéndome:

—Mi mente memorizó nuestras vivencias y eliminó su cuerpo de mi vista, pero su alma siempre estará junto a mí. Rosi me cautivó desde el principio. Esa es la razón por la que de forma ocasional mi mente regresa al pasado, es mi forma de detener el tiempo para revivir el período convivido con ella.

Nuestra relación fue un auténtico amor, nadie lo cuestionó. Pese a ser veintidós años más joven que Rosi.

Mi imaginación seguía especulando en silencio; yo sabía que nadie más podría conocer los sentimientos tan arraigados que habitaban en mi interior por el amor imposible que le proceso a la monja. Soy el único que lo sabe, Damiana lo intuye, y la monja ni se lo imagina.

No sé por qué razón me imagino a la misteriosa monja vestida de calle y con el pelo corto, bajarse del autobús que semanalmente sale del pueblo y llega hasta aquí. Y que al verla me quedo enmudecido al toparme de bruces con el anhelo de mis sueños.

Yo soy una persona que se alegra del éxito de los demás, yo, que pienso y actúo especulando que toda mi vida gira en torno al trabajo, familia y mis negocios, por esa razón he llegado a la conclusión:

—Desde que me instalé en Barcelona, vivo abstraído por el dinero:

Tal vez el interés por la "pela" se me haya pegado del dicho de los agarrados catalanes, olvidándome del dicho de mi tierra andaluza: espléndidos y generosos con los demás.

Por esa razón, hoy me hago esta reflexión:

—He alcanzado la media edad (47 años) con éxito en temas tan importantes como familiares y profesionales. Por eso doy gracias a Dios y a mi cuerpo, que me ha cuidado de maravilla. Pero hay algo dentro de mí que está insatisfecho y que me hace en ocasiones infeliz. Creo que el bajón se debe a la edad. Por esa cognición, a partir de ahora empezaré a valorar más las cosas pequeñas y corrientes de la vida. Intentaré seguir siendo un ejemplo para mis hijos.

Noté que con la aparición de las canas se me acortaba la vida. Por esa razón me dije:

—A partir de hoy, empezaré a disfrutar de lo mejor de la vida y como son tantas las cosas que tengo en mente, empezaré a buscar las que más me gustan para mi disfrute personal.

Soy un empresario serio que cuida y valora los proyectos serios. Siempre he apostado por un propósito importante antes que comprar un décimo de lotería.

Ahora necesito silencio, con ruido no puedo oírme pensar. Y de pronto, me viene otra cita de don Eufrasio el cura:

—*Cuando la juventud se acaba, la sabiduría que te dan los años debería ser suficiente*—.

74

Capítulo 7

Me enorgullezco de ser una persona puntual que se exige mucho así mismo, el problema está cuando le exijo lo mismo a los demás. Por esa razón me decía cada día antes de salir de casa:

—Debes tener cuidado, tu fama de puntual te precede.

Salí a la calle con paraguas —solo— quise hacer una escapada matinal convencido de que podía ser un día fructífero. Mi olfato empresarial, así me lo aconsejó. Tras la tormenta de anoche, las calles de Barcelona quedaron llenas de charcos y lagunas en lugares donde no se podía filtrar el agua a la velocidad deseada.

Veía a los peatones saltando y quejándose de las lagunas de agua que había generado la tormenta.

Aquella situación hizo retroceder mi mente:

—Recordé a los animales vagando por el campo sin un destino fijo. Retrocedí hasta el día que me advirtió el lindero de la laguna en el maizal.

Entre alegría y tristeza, reculé mi mente al ver:

—La escarcha matutina que pintaba de blanco las frías tierras los días de recogida de aceituna. Conozco muy bien mi tierra y sus raíces, por eso cuando retroactivo mi mente, creo que es como vivir en lo alto de las nubes. Me cuesta creer que cuando era más joven solo quería salir de mi *pequeño país.*

Me siento mal cuando alguien de allí, o de aquí, me insinúa o dice, que mi patria no es esta. Acaso alguien duda ¿por qué me siento un apátrida en mi propio país? ¿Acaso hay derecho a que carezca de nacionalidad después de lo que he aportado a España?

Pese a todo, este año vaticino que el destino de nuestras vacaciones un año más, no habrá duda, año tras año volvíamos al pueblo a vivir el perfecto idilio del verano. Damiana y yo sabíamos que nuestros respectivos pueblos no se hicieron para ser olvidados por el hecho de vivir en otra ciudad. Volvíamos al escenario perfecto, a un lugar amplio donde predomina lo natural de sus gentes, donde se empezó a escribir nuestras historias y la de nuestros ancestros. El lugar de nuestras raíces, nuestro trozo del paraíso.

Retornamos para volver a sentir mezclado el placer con lo sencillo, en un entorno natural de espectacular belleza, bendecido por su generosa cocina que con la humildad de sus ingredientes: ciudadanos, cocina, naturaleza, calidad, ambiente y diversidad, hacen que las cazuelas del verano sean una zarzuela de sabores y de momentos irrepetibles, con la salvedad que siempre son compartidos.

Algún día volveremos para quedarnos o retornaré para estar más tiempo o regresaré y me instalaré para siempre.

Enseguida saltó en mi interior el armamento secreto que siempre llevo encima:

—Estrategias de ajedrez aplicadas al mundo de los negocios:

—El que mejor compra, siempre es el que mejor vende, si sabe mover bien las fichas—.

Llegar a conseguir el premio empresario del año es un galardón que te estimula a seguir luchando para mejorar los resultados de cada una de las empresas. Utilizar el juego de ajedrez en el siempre complicado mundo de los negocios, lo vengo utilizando como guía para andar por los caminos de la lógica y la estrategia. Todo este conocimiento se lo debo a las enseñanzas de don Eufrasio, él siempre me decía:

—*El rey de los juegos por excelencia es el ajedrez. Si aprendes a caminar por el sendero del conocimiento y la astucia, alcanzarás el éxito con facilidad*—.

Desde pequeño acudía a la sacristía con don Eufrasio para aprender los secretos del juego rey, cuando en realidad lo que me estaba enseñando el cura con el juego, era algo más:

—Aprender a tomar decisiones en circunstancias inciertas—.

Una virtud tan útil en el tablero de ajedrez como en el armazón de la vida en general.

Personalmente considero que el arte del juego rey debería ser de uso imprescindible para la formación de todo empresario, negociantes y políticos incluidos.

Basándome en esta teoría, mi mente empezó a cavilar y a diseñar un nuevo proyecto:

—Pavimentar las calles de Barcelona; había que acabar con los charcos y lagunas que se formaban con la caída de la lluvia—.

Era consciente que, para aprobar el proyecto, antes había que fundamentarle y darle hecho el discurso al político de turno. Para lograrlo, volvería a utilizar la pericia ajedrecista:

—Obtener credibilidad con la palabra no es suficiente, debes ser avalado por una trayectoria transparente y responsable del individuo, para obtener el objetivo profesional.

Utilizaré un argumento cautivador con esta cita:

—*Todos los ciudadanos se verán beneficiados por esta obra pública*—.

Una vez acabado el proyecto tendría la aceptación popular.

—¡Ah! La idea del proyecto de mejora de la ciudad —como no podía ser de otra forma— sería del político que corresponda o disponga la dirección del partido gobernante.

Por todas estas historias, basadas en mentiras o verdades a medias. Deseo volver a mi tierra. A mi rincón del paraíso en la Tierra.

Después de gastar mi vida en un lugar donde me siguen considerando un desconocido, un sin patria, me siento como un apátrida en mi propio país. Por esa cuestionada razón, por parte de algunos, he decidido que:

—Trabajo, familia, respeto, amor. He convivido con esa mentira durante mucho tiempo.

—Mi mente me aconseja y también por deseo propio, que debo volver a mi terruño. A lo que el —Yo— de los negocios y familia, me retiene en esta desagradecida región de España; pese a todo lo que le he dado —juventud incluida— nunca me aceptó como uno más de los suyos, al considerar que ser andaluz es un estigma que me impide mi total integración.

La conclusión es:

—Lo que para ellos es un estigma, para mí es un orgullo haber nacido en mi pueblo jiennense y andaluz.

Capítulo 8

De pronto una voz femenina llena de dulzura pronunció mi nombre, el sonido era tímido pero impetuoso:

—¡Eh! Nicolás, ¡mírame a la cara! Es más agradable verte el rostro que tu culo.

Me giré, miré y la vi: fue la instantánea de mi vida. Nunca olvidaré aquel rostro. Primero entré en shock; luego me invadió un escalofrío. Después grité:

— ¡Dios mío! Eres tú.

Allí estaba ella, mostrándome su sonrisa ancha, luciendo un pelo rubio como el oro, del que muy pocos había visto con anterioridad. De pronto, el aire olía diferente, lo escuchado parecía ancestral, visionaba las mismas imágenes diarias, pero con brillo, todo me pareció distinto. Al principio quedé enmudecido, con cara de idiota. Al verla afloró mi anhelado sueño.

A continuación pensé:

—Estoy atrapado en el pasado.

Y seguí cavilando:

—¿Es Ella? Tenía ante mis ojos el rostro femenino más dulce y bello de mi historia. El mismo que noche tras noche me recordaba que existía a través de mis sueños; solo que en este mismo instante lo tenía ante mí, y despejado de sus ancestrales vestimentas. Era sor Beatriz, la monja que con su sonrisa permanente despertó en mi interior el —pecado del deseo por el amor a una mujer—.

Le pregunté con el mismo respeto que cuando era una mujer de Dios:

—Pero, por todos los diablos, ¿qué hace usted aquí y despojada de sus hábitos en un sitio como este?

Ella con su consolidada sonrisa contestó:

—¡Aquí estoy abriéndome al mundo, intentando encontrar la felicidad, y por esa razón estoy receptiva a las nuevas experiencias que la vida quiera ofrecerme!

Ella paró en seco su expresión prometedora y cambió el rostro y el discurso:

—Ahora en serio. Vine hasta aquí por dos razones:

Por primera vez en mi vida sé quién soy y qué quiero ser.

Nunca he estado con varón alguno. No lo he hecho antes por estar convencida con quien me gustaría compartir el momento más álgido de mi vida.

La miré fijamente, dejé pasar unos segundos y le contesté:

—Estoy dispuesto hasta por lo que está usted pensando. Yo siempre estoy preparado para eso y para mucho más. En mis sueños lujuriosos siempre aparece usted como una pesadilla perfecta, envuelta con aromas y flores.

La monja no pudo esconder el brillo húmedo que emanaban sus ojos. Sacó su hechizador encanto y dijo:

—Me di cuenta de la importancia de ahorrar y fijar metas, para así poder alcanzar mis sueños. Pero déjame aclarar:

—No puedo hacerlo por ti, ni por mí. Antes, los dos debemos interceder en las batallas internas del amor. Ahora déjame confesarte:

—Nicolás, prefiero la muerte a vivir sin ti. Mis pensamientos lascivos se activaron y no pararán hasta conseguir el deseado propósito.

Yo no podía seguir, tenía miedo por mi familia, por mi gente y le confesé la verdad:

—No puedo continuar con tu irrefrenable deseo sexual hacia mi humilde persona. No puedo seguir con esta aventura de amor. Estoy infringiendo la ley del matrimonio. Estamos a tiempo de parar. Sé positivamente que mi Damiana sería capaz de inmolarse si la dejara para irme a vivir con usted.

La aventurera ex monja se le arrugó el entrecejo y replicó con palabras tensas:

—Son palabras de un amor tirano. Dejé los hábitos creyendo que eran el obstáculo que te impedía acercarte a mí. Cuando lo hice me dije:

—Ya no hay nada que se interponga entre nosotros —replicó la monja.

Nicolás la miró fijamente y le dijo:

—Sé lo que piensas en realidad, sé que no hay mujeres como tú, y aunque te parezca una pedantería, ni hombres como yo. Pero debes entender que mi esposa es la reina sin corana de Cataluña y está conmigo, porque ella desea que sea así. Ella es un ejemplo de perfección en todos los niveles.

Sor Beatriz convertía mis evasivas en lúbricos miramientos. Ella emanaba una fuerte adicción sexual hacia mi persona, e insistió:

—Todo eso es muy bonito pero esta mente mía está contigo continuamente, no me deja pensar en otra persona o cosa que no sea: sexo. Dios nos ha reunido aquí por alguna razón. No puedo dormir, mis sueños son de vida y fuego junto a ti. ¡Tómame, soy toda tuya!

Mi mente estaba confusa por primera vez. No sabía qué hacer ni qué decir, aun así le respondí:

—Dudo que alguien me haga más feliz que tú. Y aunque existiera —que lo dudo— yo no lo desearía.

Ella insistió:

—Siempre escribo en mi diario —vivencias imaginadas junto a ti—. Cuando estoy durmiendo, el subconsciente me habla y no deja entrar a nadie en mis sueños que no seas tú, Nicolás, el muchacho de pueblo que me enamoró con sus sempiternos miramientos de deseo. Créeme Nicolás, mi amor por ti es puro e incondicional.

De pronto, una luz me iluminó, tenía claro qué decir y qué hacer ante la disyuntiva planteada y le expuse:

—Tengo enemigos poderosos que no conozco y muchos amigos y conocidos que me son fieles incondicionalmente. Realmente Dios me regaló el don del empresario, pero esta situación me confunde, no sé cómo afrontarla.

Ella cambió de armamento disuasorio y respondió:

—Llevo poco tiempo aquí y siento nostalgia por el pueblo. De allí echo de menos todo, hasta mi larga espera para volver a verte durante el mes de agosto junto a tu familia en la iglesia.

Ante tan insistente e invariable dilema, un día lo decidí, siempre pensando que en caso de no verte en Barcelona me quedaría con la vuelta a tu tierra a la que suspiras con añoranza por volverla a pisar, año tras año en el mes de agosto.

—Voy a salir al mundo, sin olvidar quien soy. Al llegar a este gigantesco lugar me sentí como una mujer despechada e insignificante, pero sabiendo cómo hacer las cosas importantes de la vida.

—Y ahora si me lo permites te diré:

—Muchos hombres como tú cometen el error de casarse con toda la mujer por no saber discernir lo bueno de lo menos afectuoso.

Yo, el empresario de moda; me sentía aturdido y confuso, pese a estar encantado de volver a ver la sonrisa de la monja. Ante aquella incertidumbre le contesté:

—Tengo una esposa y muchos hijos. Nunca seré tuyo al cien por cien.

La monja no dudó ni un instante la respuesta:

— Antes de entrar en el convento, sentía la vocación por todas partes. Oía al Señor por todos lados. Hasta que un día, deseé y volví a sentir a Dios de nuevo, pero junto a ti.

—Lo supe el día que te vi sonreír en la sacristía con don Eufrasio, desde aquél día que me dirigiste la mirada hechizadora del deseo, no he dejado de escribir en mi diario las esperanzas de mi corazón por estar junto a ti. Reaccioné como el perro Basenji, que aunque quiera no puede ladrar. Eso mismo me pasó a mí, quise decírtelo, pero no pude, o no fui capaz de manifestarte mi amor por ti en aquél momento.

—Sigues siendo aquella monja de uniforme gris, la que amaba a todos por igual, que sonreía a los mayores, la que cautivaba con su belleza a los más jóvenes y a la que sabía divertir a los niños con trucos de cariño. Pero tú ya habías elegido a Dios como pareja cuando te vi por primera vez.

Ahora dime:

—¿Cuándo ha llegado y dónde se hospeda?

—Vivo en casa de un familiar de mi tierra cordobesa. Llegué el mismo día y en el mismo autobús que tu primo Norberto. Te vi aquel día, pero creí que no era el momento de abordarte y de darte la sorpresa.

—Está bien, veré que puedo hacer por ti. Pensaré en lo hablado y seguiremos en contacto. Mañana tendrás noticias mías. De repente, me acordé de las palabras alentadoras que me dijo la señora Rosi y yo las repetí mirando a la mujer de sonrisa permanente que anidaba en mi mente afectuosa desde *tiempo ha:*

—Haré que tu estancia en Cataluña sea una experiencia maravillosa.

—¡Ah! Me encantó volver a verte sonreír. ¡Mañana nos vemos!

Nos despedimos con un beso cálido de amistad, lento y embriagador.

Unas sonrisas seductoras, sin ningún comentario, sirvieron para sellar la despedida del sorprendente e inolvidable encuentro.

Ya de vuelta a casa, inicié una especie de recapitulación secreta:

—Como emigrante que soy, sé que cada emigrado es conocedor de su propia historia. Por esa razón, después de conocer las vicisitudes de una cantidad importante de los españoles migrados a Cataluña, desde Andalucía y de otros lugares de España y ante la imposibilidad de narrar las historias de millones de relatos, haré una selección de algunas parecidas entre sí, vidas similares, aunque nunca serán iguales a la mía.

Antes de entrar en casa me dije:

—No permitiré que sor Beatriz sea como la mayoría, una ciudadana de garrafón.

Pero del cruel drama familiar que en teoría se me avecinaba, surgió en mi interior una práctica decisoria de obligada sentencia.

Por esa cuestión antepuse mi decisión. Preferí seguir siendo un fiel marido, un padre ejemplar y uno de los mejores empresarios de la historia, antes que tener como amante a la imagen clerical de mis sueños, la que estaba grabada a fuego en mi mente amorosa desde el despertar de mis deseos sexuales. La que me inundó con el virus del deseo.

Quedó zanjado mi atormentado y obsesionado dilema de amor, negando a la exreverenda seguir con este inexistente galanteo.

Aquella misma noche, en mis sueños de almohada me aplaudí en libertad por haber actuado con la responsabilidad que mis seres queridos y mis negocios se merecían; hechos que, en ocasiones te llevan a actuar con coherencia y sentido común. Hechos, a los que denomino:

—Actuar para vivir de forma inteligente, sin remordimientos de reconcomio.

Era evidente que lo sucedido fue el responsable que me derivó a pensar:

—Detrás de todo hombre encantador y gris, siempre hay una mujer brillante que pone la luz, la sonrisa y los colores que alegran y dan sentido a la vida.

Concluiré haciendo mención a dos dichos de don Eufrasio:

—El conocimiento es un tesoro que genera beneficios.

—No hay ser humano que no dependa de otro.

Debo hacer mención a mi inusual bautizo. Así me lo contó mi madre porque así fue como sucedió:

—Hasta unos años, en concreto, antes de mi boda yo no me enteré de mi bautizo clandestino. Nací en 1937 en plena guerra civil. En la guerra, el cura del pueblo estaba confinado a escondidas de los comunistas que hicieron barbaridades en la iglesia y por ende a sus representantes. Mi familia, sabía dónde estaba el cura y me llevaron a su refugio a que me bautizara. Tan secreto fue mi bautizo que se olvidaron de registrar el ritual. Veintiún años después, casi me tienen que volver a cristianar, mis tíos fueron los padrinos, me llevaban envuelto en una pelliza vieja. Un bebé recién nacido oculto y custodiado por su estirpe. Hoy, todos ellos fallecidos excepto mi madre y el cura don Eufrasio, ambos dieron testimonio de lo acaecido. Gracias a ellos, me pude casar por la iglesia con Damiana. Ya, con mi certificado de bautismo legalizado.

Capítulo 9

Un día salí de mi pueblo porque así lo decidí yo, pero mi pueblo nunca salió de mí. Recuerdo que a mi abuelo Nicolás, le gustaba contar historias a niños y mayores; en las tertulias de los atardeceres y noches de los acalorados veranos, sentados en sillas de aneas en la puerta de la calle. Relatos que todos eran verdad, aunque él los bañaba con un toque de ficción e improvisación necesario para que la quimera fuera creíble. Por esa misma razón, yo, Nicolás, nieto de mi abuelo Nicolás, nunca decía toda la verdad. Y así, entre verdades y mentiras adornadas, y con fantasías imaginadas, fue como me convertí en un referente empresario, etiqueta que yo rechazaba por no ser merecedor de semejante aura. Reconozco que la verdadera empresaria es mi esposa Damiana.

—Ella encarna lo que debe ser un empresario. No sólo por sus contractados resultados y de su excelente administración en la cadena de hoteles, sino por tener el arrojo y la fe necesaria para buscar soluciones allá donde la mayoría de empresarios ve impedimentos.

Yo nunca me entusiasmaba por alguna cosa más de siete minutos. Exactamente siete minutos. Ese tiempo era mi límite. Ni siquiera mis escarceos amorosos duraban más de siete minutos. Mi mente era un robot programado por el tiempo. Mi insaciable apetito sexual lo mantenía a raya al no darle más de siete minutos, ni un segundo más.

Todos mis logros me mantuvieron en el candelero del crepúsculo por mi batalla con la vida empresarial. Resultados tan emblemáticos como variopintos que no les concedí más de siete minutos.

Por esa razón, me quedé extrañado por haber mantenido la conversación con la monja más del tiempo establecido por el rigor de mi estricto convencimiento.

La situación me dio miedo. Decidí tomarme un tiempo antes de volver a ver a la monja. Esa fue la razón por la que al día siguiente envié al Sr. Peter Thöresson, mi secretario personal —un joven inglés afincado en Cataluña que se convirtió en mi hombre de confianza— para ayudarme sin ser visto, ni comprometido más allá de lo necesario.

Al día siguiente:

—El obediente y fresco empleado, llegó al domicilio de Beatriz. Llamó dos veces. Al abrir la puerta, el inglés se presentó eufóricamente:

—Soy el secretario particular de don Nicolás. ¿Es usted la señorita Beatriz?

—Sí, dijo la monja sin dejar de sonreír, sabedora de lucir un generoso escote libre, sin las ataduras del sujetador.

—Don Nicolás me ha ordenado que me ponga a su disposición el tiempo que guste y para lo que necesite. Don Nicolás me concretó que le dijera:

—Sólo desea que sea feliz y que necesita tiempo para asimilar lo inimaginable...

El joven secretario que, por edad, le hervía la fogosidad en sus adentros, le comentó sin el más mínimo reparo:

—Por cierto, está usted increíblemente atractiva señorita.

A lo que la monja contestó un tanto sonrojada:

—La gente pasea por Barcelona con escotes muy locos, y cansada de tanto recato, me apunté a esa locura. Quiero pasar desapercibida entre la multitud.

El secretario replicó con una sonrisa británica:

—Tanta generosidad visual realza su belleza y la atracción a los hombres que, como yo, impactados, caemos rendidos a sus pies por semejante regalo visual. Y desde luego que no pasará desapercibida, usted ha nacido para destacar.

—Muchas son las cosas que guardan un misterio, pero ninguna es tan grande como la nuez —dijo la monja sin saber a cuento de qué lo dijo.

Tras sus desconcertantes palabras se produjo un silencio ensordecedor entre los dos desconocidos, fruto del impacto de atracción amorosa que ambos recibieron.

Uno y otro se enamoraron a primera vista, cayeron en una pasión amorosa que les marcaría sus vidas y la del "condicionado" enamorado Nicolás, el emigrante con suerte, jefe del secretario.

El flechazo dejó marcada para la historia el hecho de comerse con los ojos. Ellos se quedaron prendados de sus respectivos atractivos: físicos y por los módicos modales.

El inglés inició unas disyuntivas para sus adentros:

— ¿Enamorarme de una monja? ¡Antes muero en el intento! Pero, yo no estoy hecho para estar solo. Me gusta querer y sentirme querido. Ella me ha impactado.

El joven empleado acababa de sufrir una decepción amorosa, lo que no fue óbice para que deseara conocer íntimamente a alguien de nuevo.

Tanto uno como otro se habían criado en un ambiente conservador, motivo por el cual sus mentes no les permitían ciertas ligerezas.

Pero justo antes de dar por cerrada la conversación y empezar con el tour por Barcelona, el muchacho recibió un mensaje amable y seductor de la muchacha, despojada de sus vestiduras.

—Llámame Bea. Estoy en tus manos, vamos a ver lo que nos depara el día en esta gigantesca ciudad. Y... gracias por tu ofrecimiento.

—Gracias a ti por corresponderme. Como te dije anteriormente mi nombre es:

— Peter Thöresson. Puedes llamarme Per —replicó el inglés, invadido por las miradas y sonrisas de la muchacha que él interpretó como:

—Aquí puede pasar de todo.

Y siguió cavilando para sí mismo el joven recién atrapado por los hechizos del amor de la hermosa joven:

—Llevábamos paseando y conversando una hora. Hablamos de cosas intrascendentes: estudios realizados, deseos por viajar, aficiones que les gustarían; en general algo efímero y genérico. Pero lo importante era que mi corazón estaba feliz, valiente y afectuoso.

Ella me contó que tenía 40 años, una edad avanzada. Yo, con mis 26 años le comenté:

—Esta desigualdad solo son detalles de vida pero que nunca dejaría que este hecho condicionara una posible relación.

Los dos quedaron impresionados. Al muchacho le pareció interesante. Deseaba conocerla mejor. Por esa razón quiso contarle detalles de su día a día y, por supuesto, esperaba que ella le contara sus detalles intrínsecos de su vida.

Después de un tiempo paseando, él escuchó en su interior una voz que le decía:

—Es mucho más linda y suave de lo que te imaginabas.

La monja empezó a creer en la posibilidad de conocer mejor al lozano muchacho para llevar a cabo lo deseable e imaginable. Era consciente del cambio radical del objetivo:

—Nicolás, por su joven secretario.

Pero ella deseaba compartir lecho con varón urgente, y la opción del secretario no era tan descabellada.

El abnegado y seducido secretario pensó en la posibilidad de que él no le gustara o que no fuera lo que ella esperaba de un hombre.

Cuando las dos miradas advertían el deseo de dar un paso adelante, Beatriz le comentó:

—Tengo un secreto muy importante que contarte.

Enseguida la mente negativa del sumiso empleado empezó a especular:

—¿Está casada? ¿Se había aburrido conmigo? ¿Estaba enamorada de alguien más? ¿Le gustaban las chicas?

Pese a la evidente inseguridad, él invitó a la monja a que contara en confianza su secreto.

Ella sin ningún preámbulo más dijo:

—Soy monja, o mejor:

—Acabo de colgar los hábitos. Descubrí que Dios tiene un plan diferente para mí que servirle con los hábitos. Seguiré siendo una sierva servidora suya pero con otra ocupación diferente. El motivo fue por el amor incondicional que le proceso a un hombre excepcional.

El Sr. Peter enmudeció unos segundos; no se imaginaba algo así. La revelación del secreto animó a seguir la conversación con mayor interés. Estaba convencido de haber encontrado una mujer realmente interesante para él. Ahora lo que debía saber era ¿quién era ese hombre? y ¿qué posibilidades tenía él de ser elegido por ella? La miró fijamente y le dijo:

—No te preocupes, el pasado ya ha transcurrido y no se puede cambiar. Pero entenderé cualquier decisión que tomes. Te prometo que puedes contar totalmente con todo mi apoyo. Después le dijo:

—No olvides que el presente es el único tiempo que podemos vivir.

La monja, lejos de aturdirse y sin dejar de mirarlo, le comentó:

—Que gusto me da oírte decir esas palabras. Voy a intentar descifrarte lo que sentí cuando nos conocimos:

—Vi en ti al hombre que brotaba en mis sueños de pasión. Te cambié por el varón que deseaba que me poseyera... ¡Sí, me gustas! Puedes optar a ser el elegido. Sería tonta si dejara escapar un hombre de tu brillo y talento. Repito: ¡Sí! me gustas.

Tras las confortadoras palabras, el joven audaz quedó impregnado de amor, dejando en su pensamiento un deseo:

—Tengo que tejer un plan para enamorarla y así poder saborear las lindezas de su amor.

Dos meses después

La monja y el secretario se hicieron novios. Digamos que ambos estaban donde deseaban estar. Todo iba bien hasta que llegó el momento de compartir intimidad.

Él sentía orgullo por ser el primer hombre de aquella maravillosa mujer.

Ella, por el contrario, tenía sus dudas, cuestionaba si hacía lo correcto al encamarse con aquél joven, cuando en realidad lo que hubiera deseado era haberlo hecho con el hombre de sus sueños libidinosos: Nicolás.

Pero... entre miedos y tabúes, los dos enamorados enloquecieron y superaron con solvencia la barrera de la primera vez. Con la deseada hazaña superada, la pareja se fortaleció, los dos apretaron filas y enaltecieron con orgullo su amor.

Al despedirse tras la aventura deseada, la monja dijo:

—Es verdad. No podía seguir con la carga del pensamiento impuro. Ahora que todo ha pasado me arrepiento de haberme quitado la ropa delante de ti. Perdona mi atrevimiento, no he sido yo, ha sido el demonio que llevo dentro. Pagué las consecuencias con mi inexperiencia.

Él la miró y le confesó:

—Sé a ciencia cierta que tendremos sexo durante toda nuestra vida. Por esa razón, valoro en su máxima expresión que nuestra primera vez haya sido por el amor incondicional que mutuamente nos profesamos. Sintámonos afortunados por lo acontecido.

Inmediatamente después, ambos se alejaron cabizbajos por lo ocurrido.

Ella más entristecida que él por no haber sabido controlar el arrebato por los deleites carnales, por no haber sabido esperar el momento oportuno, se fue a la cama sin más.

Beatriz, en sus reflexiones de almohada, recordó la frase de don Eufrasio, su confesor:

—*Si llamas a la puerta del diablo —ten cuidado— porque alguien te la abrirá.*

Él se acordó de la pregunta a don Nicolás su jefe:

—¿Cuándo sabré que es un momento mágico? —A lo que él me contestó:

—No preguntes, sucederá sin más.

Y así fue como ocurrió, sin más.

Después de algún tiempo. Ella encontró trabajo en uno de los hoteles del holding de Nicolás. Damiana contrató, sin saberlo, a la mujer que durante tanto tiempo rondó por la cabeza de su marido.

Un día, y cuando mejor se creían que les marchaban las cosas, la situación de la pareja dio un giro de ciento ochenta grados. Cambiaron flores por espinas de acero.

De forma inesperada, Nicolás quiso darse una vuelta por uno de los hoteles ajeno de lo que se iba a encontrar.

Subió en ascensor hasta la segunda planta del hotel. Al abrir la puerta, vio casualmente uniformada de camarera de habitaciones, a la monja de sus sueños olvidados.

Los dos cruzaron miradas, y los dos, sin mediar palabra, pensaron en lo mismo:

—Desenterraron la pasión del deseo que un lejano día se profesaron y que ocultaban en un recóndito lugar de sus respectivas mentes.

Y, casualidades del destino. Damiana, su mujer, se encontraba de inspección por los hoteles de la costa. Intuitivamente, los dos dirigieron sus ojos a la puerta de la habitación más lujosa del hotel, la 27. Segunda planta, séptima ventana. Y, ¡providencia! era la misma habitación donde Damiana se atrincheró y compartió lecho amoroso con el cliente asiduo del hotel.

Era incuestionable que la monja se salió de la congregación con el deseo de encontrarse con el hombre de su vida. Ella, sin hablar, sabía lo que él quería y lo que necesitaba ella:

—Pretendía demostrarle y demostrarse a sí misma su valía, teniendo sexo con Nicolás.

Sin mediar palabra alguna, los dos se fortificaron con llave en la lujosa habitación.

—Yo, que era consciente de que me correspondía dar el primer paso, le ofrecí una copa de vino de las tres variedades que el sumiller del hotel aconsejaba a los clientes de la suite nupcial: blanco, rosado o tinto. Tres variedades dignas para ser degustadas por los paladares más exquisitos.

Beatriz sonrió armónicamente e indicó:

—Si tengo que elegir yo, opto por el rosado afrutado. Me parece el más apropiado para solemnizar nuestro ansiado y añorado encuentro.

—Ella, sin dejar de mirarme, empezó a descubrir su cincelado, perfecto, fuerte y armonioso cuerpo.

La habitación número 7 de la segunda planta, fue testigo de lo ocurrido inmediatamente después. Ambos llevamos a término nuestras evocadas pretensiones. Al concluir el apasionado e irrepetible momento, le pregunté lo que todo hombre necesita saber después de hacer el amor por primera vez:

— ¿Qué te ha parecido?

Ella dejó su mirada abstraída y contestó:

— ¡Ay...! Y pensar que hasta hace unos días creía que había renunciado al elíxir de la vida.

Yo, al ver la cara de satisfacción de la muchacha, entré en un estado de pánico, el miedo por las consecuencias me hizo reaccionar y le comenté:

—Ha ocurrido lo que deseábamos que ocurriera desde hacía mucho tiempo. Pero los dos sabemos que por respeto a mi esposa y a tu novio, nadie debe enterarse de lo nuestro.

Ni él, ni ella, se hubieran imaginado vivir una escena de sexo tan real, pese a sus continuos y añorados deseos de compartir el placer de la sexualidad, lejos de sus respectivos: novio y mujer.

Ella sonrió y le dijo con voz cadenciosa:

—Me he quedado como si el diablo se hubiera apoderado de mi cuerpo.

—Vine a buscar la felicidad. En este instante puedo decir que, por fin, la he encontrado. Y continuó diciendo:

—Hoy ha sido un día muy positivo y decisivo para mí. Lo ocurrido aquí, jamás lo olvidaré y jamás volverá a pasar, te lo aseguro. Pero solo tú y yo sabemos lo que con nuestros cuerpos desnudos hemos descubierto. La acariciada luminiscencia que he recibido iluminará mi vida el resto de mis días. Gracias Dios mío por lo ocurrido. Yo siempre me decía en mis sueños que cuando llegara el momento:

—Que me quiera como quiero.

Yo le contesté un tanto tembloroso, pero con suma sinceridad, a las dulces y tiernas palabras de mi concubina:

—Lo sé y es lo correcto. La luz que un día encendió mi sueño, me alumbrará siempre. A partir de ahora, los dos asumiremos con criterio propio que ¡la vida es maravillosa! Pero la vida hay que seguir viviéndola y por esa razón te diré:

—Seguiré apoyándoos a los dos, sois parte de mi familia y con lo sucedido hoy, eres algo más:

— Piensa que el fruto del amor de una noche fue lo que me trajo a este mundo. Por esa y por otras muchas razones, te has convertido en mi más íntimo secreto, que por decisión de los dos, debe quedar oculto en un escondido lugar de nuestras respectivas mentes —aclaré un tanto avergonzado—. Pese a mi posición de hombre poderoso e impecable por mi acreditada conducta, hasta antes de lo sucedido.

La monja que, de amores había aprendido lo suyo, pensó para sus adentros:

—Creo que lo empezado debería seguir ocurriendo. Tendremos encuentros ocasionales con la misma o mayor pasión que ésta, eso sí, en el mayor y más estrictos de los secretos, pero con una envoltura de temor por ser descubiertos para que nos suba la adrenalina al máximo nivel. Cuando colgué los hábitos, lo hice convencida por lo que deseaba y esperaba que ocurriera. Y este es mi júbilo: lo que pensaba vivir acaba de ocurrir. Esta situación, ha sido un inolvidable *momentazo*.

Ella se acordó de las palabras de Damiana el día de la entrevista:

"En mis empresas trato de llevar a cabo dos destacados elementos: unión y respeto. Una vez superados estos dos pilares básicos, exijo esfuerzo, y a cambio de esta voluntad, los trabajadores son bien remunerados".

Y continuó diciendo:

—Estos detalles son las que tienen mosqueadas a la competencia de todos los sectores donde estamos sumergidos. Todos nuestros empleados enarbolan la bandera de la honestidad con orgullo.

—Si supiera la jefa lo que acaba de suceder aquí y ahora, no sé qué haría —pensó la satisfecha y aspirante amante.

Al despedirse, Nicolás también reflexionó para sí de lo acontecido:

—No puedo obviar la evidencia: el tiempo que hemos estado juntos posiblemente haya sido uno de los más felices de mi vida. Sólo espero haber estado a la altura, al igual que deseo que para ella, haya sido tan sublime como para mí.

Y continué reflexionando para mí mismo:

—Creo que el bienestar que ha sentido mi cuerpo debería de volver a sentirlo.

Cuando volví a casa después de estar con la monja me di cuenta de que sonreía diferente. Rápidamente pensé:

—Acabamos de estar juntos y ya deseo otro encuentro con el cuerpo de mujer más bello creado por Dios. Y, desde mi interior, resurgió la voz de advertencia de don Eufrasio:

—*Como todos, vas a morir. Pero cuando llegue el momento que llegará nada podrás hacer y de nada te servirá quejarte.*

—¿Qué quería decirme el cura con aquellas palabras?

—Solo sé que el deseo de relacionarse siempre está latente entre hombres y mujeres: en ocasiones esporádicas y en otras duraderas.

—Me di cuenta a tiempo que era una mujer y, por consiguiente, tenía que dejar libres mis sentimientos.

La joven Beatriz, cuando llegó a su casa, se echó en la cama con el sueño cumplido y también recordó una reflexión de don Eufrasio:

—*El segundo ratón es el que se come el queso.*

Por esa razón creo que acerté con Nicolás. Ha sido un momento absoluto, y fue la segunda vez que me he encamado con un hombre. Está claro, el sabio destino influyó en el orden de lo acaecido.

—Fue un acierto ¡No fue la primera vez! Por eso fue tan brillante para los dos.

Mientras tanto, Nicolás repasaba lo acontecido en sueños de ojos abiertos:

—Acabo de concluir el complemento a mi vida, la guinda que corona el pastel de mi vida sexual. Pero no te preocupes, esa experiencia ya pasó, está acabada. Nunca más volverá a ocurrir.

—No recuerdo haber estado tan excitado en mi vida, ni en el nacimiento de mis hijos había estado tan nervioso. Fue algo increíble.

Ahora archivaré en mi memoria este increíble encuentro para cuando sea viejo. Rememoraré detalles importantes de mi vida y cuando llegue a este encuentro, diré:

— ¡Guau, aquel encuentro fue una gran aventura!

Después pensé con la mente satisfecha por el sueño conseguido y por el gozo coexistido, y me pregunté:

— ¿De qué sirve levantarse por las mañanas si no se tiene un sueño que cumplir?

Ambos afloraron ansias profundas y longevas, por la ilusión cumplida con la máxima satisfacción.

Pero aquella misma noche, antes de dormirme me entró un flash de pensamiento *cornudo*:

—En el mismo nidito de amor fue donde mí Damiana se encamó con un galán desconocido. Esta coincidencia ha tenido que ser obra del demonio. La misma habitación y en la misma cama.

Mi turbia, celosa y cornamentada mente, no entendía que la mujer que diariamente antes de irse a la cama, todas las noches acariciaba la cabecita de cada uno de sus siete hijos, les deseaba buenas noches después de nombrarlos por su nombre. Esta acción la repetía Damiana cada noche de lunes a domingo y a cada uno de ellos, les daba su cantidad proporcionada de cariño. Por esa razón no paro de preguntarme:

— ¿Por qué lo hizo? ¿Por qué...?

El bueno de Nicolás no concebía, ni entenderá jamás, el desliz de su esposa. Ella que lo tenía todo.

Pero él, por el contrario; nunca se cuestionó su desliz con la monja, ni de los continuos flases de pensamientos obscenos que su mente visualizaba desde su juventud.

Él que idolatraba cada día a Beatriz, la monja que colgó los hábitos, el mismo que desde que la vio despojada de sus hábitos, susurraba desde sus adentros:

—Tenía que ser nombrada la mujer más guapa de Cataluña.

Al día siguiente, Beatriz escribió en su diario:

—Toda la noche suspirando y recapitulando lo ocurrido el día anterior. Fueron momentos inolvidables que quiero dejar constancia del hecho en este particular diario.

—Dudo que esta decisión nuestra, haya sido obra del destino. O tal vez, lo determinante del hecho haya sido el deseo acumulado de ambos de que sucediera.

Capítulo 10

Cada kilómetro andado me transporta a un nuevo nivel de complacencia. Por esa razón acentúo que:

—Desde los primeros tiempos, el ser humano ha transitado de aquí para allá. Unos por trabajo o estudios, otros por una nueva oportunidad económica o profesional, otros muchos, por escapar de conflictos, violaciones o abusos. Después están los cotillas o fisgones que les gusta deambular por el mundo por saber y conocer otras gentes y sus costumbres, y los que pueden económicamente se van de sus orígenes por el efecto climático o por desastres medio ambientales.

Hoy, en nuestro país llamado España existimos una gran cantidad de personas, jóvenes y mayores que vivimos en el mismo país, pero en lugares diferentes de donde nacimos. Lugares donde los patrios tratan de invasores a todos los foráneos, señalándonos, e incluso gritándonos como ocurre en Cataluña:

—¡Charnegos fuera!

Por esa razón muchos nos sentimos unos apátridas dentro de nuestro propio país. Por eso, y porque en nuestros lugares de origen nos señalan como extranjeros y emigrantes con dichos generacionales de:

—Ya están aquí los emigrantes. Y los más "tontos" nos dicen forasteros.

Ese dato demográfico, no pasó desapercibido para mí, soy un empresario referente en Cataluña y en España, por estar considerado como uno de los mejores administradores de todos los tiempos.

Por este hecho, estoy hinchado de orgullo. Supe gestionar y valorar el regalo de la señora Rosi. Un hombre no puede huir de su destino, ni volver al pasado sin dejar escrito para la historia, el mundo que ha creado, crea y seguirá haciendo para futuras generaciones.

Pero antes de continuar debo explicar que:

—Llegué a Cataluña como pude haber llegado a otro lugar de España o del mundo. Dicho esto, quiero aclarar que yo no soy verde, ni rojo, ni naranja, ni azul... Simplemente me considero un español más. Decepcionado, cansado y preocupado ante una situación tan insólita como esta, llega la democracia. Estoy preocupado por lo que pueda ocurrir. Mi opinión, si es que a alguien le interesa, es que es el momento de que los políticos, sean del partido que sean, estén unidos. Que remen en la misma dirección para llevar a buen puerto el gran navío repleto de españoles, llamado <Cambio Democrático> donde navegamos toda clase de razones sociales e ideológicas.

Yo nunca olvidé de donde vine, ni de quien soy hijo. Mi valor más destacado era y es mi comportamiento humano hacia los demás. Pese a ser reconocido como —UN EMIGRANTE CON SUERTE—, —un sin patria—. Siempre antepuse el bienestar de las personas a mis negocios. Directivos, ejecutivos y emprendedores de todo el mundo, me ven como un ejemplo de persona. Un líder directo que camina por la vida con la cara en alto, mirando a los ojos de las personas, sin importarle el rango que los sostenga.

Como me vaticinaba desde pequeño don Eufrasio:

—*Vivirás en un estado de amor, luz y alegría ilimitado. Te convertirás en la persona que estás destinada a ser.*

—Mis éxitos empresariales los basé en la suerte y en una intuición portentosa que me acompaña desde que nací.

Pero con los inminentes cambios políticos en España, ni con nuestra suerte, ni con nuestra intuición sabíamos cómo afrontar la nueva situación.

Un día salí temprano del trabajo y me pasé por el hotel donde trabajaba normalmente Damiana. La sorprendí en su despacho envuelta en un montón de papeles, buscaba no sé qué cosa de un proveedor.

Tras el clásico saludo *besucón de mejillas* le pregunté:

—¿Tomamos algo juntos?

Damiana me miró con su sonrisa cautivadora y me dijo:

—No llevo dinero encima.

Yo le seguí el juego. La miré fijamente a sus ojos brillantes y le expresé mis sentimientos:

—Una mujer tan bonita como tú nunca necesita llevar dinero, mientras yo sea tu acompañante caballero. Pero, ¿por qué no me miras? —le pregunté.

—Perdona cariño, pero es que estoy tan entretenida y divertida con mis juguetes que pienso que: solo tú me haces sentir el amor.

—¿Pero esa declaración a cuento de qué viene Damiana? —le pregunté.

Debo ser un idiota. Ella, pese a acostarse con otro, yo la acepté de buen grado. Lo contrario hubiera sido —*perderla para siempre*—. Era consciente que lo hizo para resarcirse de mi pasado con la señora Rosi.

Simplemente intentaba reconquistarla sin remordimientos, pese a tener muchos desasosiegos por este asunto. Era muy agradable verla tan elegantemente vestida y tan feliz.

Inmediatamente pensé para mi interior:

—Sí, me quiere, pero se dejó poseer por los encantos de otro hombre.

Ella le miró arrepentida por lo dicho pero satisfecha por lo hecho. Después me comentó abiertamente:

—Sé lo que estás pensando. Olvídalo, fue una mera e impetuosa curiosidad, nada más. Aunque debes reconocer que en el gremio hotelero es donde la tasa de cuernos es más alta. Esto no justifica la acción, pero es así, la realidad nunca miente.

A continuación me indicó:

—Escucha la carta que acabo de recibir de mi prima, la hija mi tío Fernandico, me salto los clásicos saludos y voy al grano:

—*No sé qué hacer prima, sigo en el pueblo de jornalera en el siempre trabajo duro del campo: algodón, aceituna, fruta, cereales, etcétera. Te escribo estas letras por si tú lo ves conveniente, ¿hago la maleta y me presento en tu casa o sigo aquí?*

Tengo la maleta cargada de sueños y esperanzas, dispuesta a viajar a Cataluña para comenzar allí una nueva etapa de mi vida en un trabajo digno, creo que una joven quinceañera como yo, no tendría ningún problema a la hora de encontrar un trabajo.

—Hasta ahí, lo veo normal que quiera emigrar, nosotros lo hicimos, el problema es que quiere instalarse con nosotros. Eso sí, de forma provisional.

—Era una época brillante y enaltecida de ejemplos de familiaridad. La gente acogía a familiares e incluso a amigos en sus casas hasta que encontraban un hogar propio donde residir. Con estos gestos amortiguaban la desmoralización, ya que de lo contrario la inserción hubiera sido más traumática.

—Tan solo se podría corregir por la euforia que proporciona el dinero del empleo fijo, duro, pero continuo. En aquellos años, Cataluña se llenó de fábricas y España de catalanes vendiendo productos. El despegue económico de la región se debió principalmente a la importada mano de obra andaluza. Este hecho demográfico, junto al despegue económico catalán y español, hizo pensar a los catalanes de manera favorable que España era una gran nación.

Aunque siempre quedaban restos de insatisfechos. Acérrimos a unas ideas nacionalistas que ni antes, ni ahora venían a cuento. Por esa misma cuestión, me vino a la mente uno más de los dichos de don Eufrasio:

—*Recuérdalo siempre Nicolás: El corazón siempre sigue al dinero.*

Volviendo a lo expuesto por Damiana. Yo no atendí lo que me decía y mucho menos lo que su primilla quería. Y, ante tanta parsimonia y tranquilidad, le repliqué un tanto indignado:

—Ser un cornudo, no doblegará mi honorabilidad, soy un caballero andaluz. No actuaré como un vulgar cornúpeta, lo haré como un noble. Lo sobrellevaré con la dignidad y el tiempo que mi *yo tolerante me deje.*

Una mujer moderna, pero hecha y formada a la vieja usanza, no entiendo cómo pudo hacerme una cosa así. No es el hecho lo que me mata, sino, por qué lo hizo.

Ella, mujer de bandera en todos los sentidos, me volvió a decir sin subterfugios:

—Yo te adoro a ti, te amo a ti. ¿Cómo crees que después de darte siete hijos, todavía deseo sentir en mí, la misma pasión de amor que aquella primera vez?

Allí estaba yo. En la cumbre de mi gloria, subido a la cresta de la ola empresarial, enarbolando la bandera del éxito con la que me convertí en el hombre mejor considerado y respetado, formando parte —*comúnmente conocido*— como la quintaesencia de la sociedad.

Nadie supo, excepto los más allegados, que inicié mi singladura como un aventurero, que buscaba algo diferente, uno de tantos que llegó de un pueblo de tierras fértiles buscando trabajo para alimentar a la familia e intentar sobrevivir. Al igual que nadie hubiera ni pensado que Barcelona hubiera sido mi destino final.

De pronto, el silencio se hizo ensordecedor. En aquél justo momento algo se apoderó de mi interior. Ese vislumbramiento me hizo pensar en la evidencia de la vida tras la muerte.

Enseguida me dije a mí mismo:

—Yo, Nicolás, el muchacho que siempre tuvo idolatrado al colibrí. El mismo que admiraba y que se impresionaba por su técnica de vuelo. El único pájaro capaz de volar en todas las direcciones, incluyendo el vuelo hacia atrás, como el rey en una partida de ajedrez.

Recuerdo que, de niño me tumbaba bajo los árboles que crecían frondosos junto a la orilla del Guadalquivir, el río Grande para los tomeseños, a observar los movimientos del pájaro por excelencia. Su vuelo singular de agitar sus diminutas alas, la manera de mover su cuerpecillo: de izquierda a derecha, de arriba abajo y poder quedar suspendido en el aire, lo convierte en el metabolismo de sangre más alto que existe. Soy un admirador incondicional de esta perfecta y gigante avecilla.

Siempre supe que la vida está llena de oportunidades, solo que hay que estar al tanto para encontrarlas. Y con esa convicción me decía constantemente:

—Cuando tengas a tiro una de las muchas oportunidades que se te presentarán, ve a por ella, sí o sí.

Esteban Molina Vela

Capítulo 11

Esta fue la cronología de la democracia española vista y contada por un emigrante, empresario, trabajador, español, andaluz y jiennense que trabaja y vive en Cataluña. Que, pese a ser el dueño de muchas empresas siempre me perfilé como un empresario vendedor, íntimamente ligado al maravilloso mundo del electrodoméstico.

La Democracia llegaba con una agenda clara para unir a los ciudadanos reducir las desigualdades territoriales y extender las oportunidades por todas las regiones del pais.

En difinitiva, se trataba de sacar de la hibernación economica al pais. La Democracia abriría todas las fronteras.

Pero toda la estrategia de la Democracia era una incognita...

Voy a narrar la historia apasionante que vivimos en España, intercalando paralelismos con el mágico mundo de los electrodomésticos, con la añorada llegada de la democracia a España. Ambos avanzaron vertiginosamente y fueron la principal causa del despegue económico nacional.

Por esa misma cuestión relaciono: progreso, economía, migración, democracia y electrodomésticos.

Frente a la afligida constatación de todo lo que se estaba barruntando en nuestro país, Franco decidió hacer esta proeza de forma contundente para salvar a España de los conocidos como —demonios rojos— por esa cuestión, la vaticinada e inminente democracia en España llegó en 1971, cuando el general Franco, sabedor de que la monarquía parlamentaria sería una pieza esencial para un posible pacto constitucional, nombró como sucesor al entonces príncipe de España don Juan Carlos.

Con este gesto, Franco consolidó su idea

de socialdemócrata, lo que desde el principio quiso instaurar en España y por circunstancias no pudo ser.

Ante el agravamiento de la enfermedad del general Franco, el 30 de octubre de 1975, y por segunda y última vez, el príncipe don Juan Carlos asumió las funciones de la Jefatura del Estado.

Cuando todos escuchamos aquel fatídico día las palabras inmemoriales de:

—"Españoles, Franco ha muerto". Era un día luminoso y gélido, el reloj daba las 10:00 horas de aquél 20 de noviembre de 1975 cuando Carlos Arias Navarro, en calidad de presidente del Gobierno, anunció el final de cuatro décadas de dictadura en España, y sin saberlo, e incluso sin quererlo, con aquellas dolorosas palabras abrió la puerta a la DEMOCRACIA, desconocida para unos y anhelada para otros.

En la inmensa infinidad de la vida, todo lo que se cree perfecto, pleno y completo, de pronto, lo ves cambiar de forma radical a todo lo contrario. Esa tesitura se empezó a atisbar en la mente de los españoles que conjeturaban el inminente cambio político. Los españoles de a pie vivíamos ajenos a todo, pero con la creencia de siempre: trabajar para comer y para formar una familia.

Dos días más tarde, el 22 de noviembre de 1975, siguiendo las instrucciones de Franco, el príncipe de España don Juan Carlos, fue proclamado Rey de todos los españoles con el título de don Juan Carlos I de Borbón ante las Cortes franquistas.

Éramos muchos los que vivíamos fuera de nuestros lugares de origen. Emigrantes consolidados y otros muchos, recién llegados, vivimos aquella fecha con cierto recelo. Las heridas de la Guerra civil aún no estaban cicatrizadas pese a haber transcurrido cuarenta años. Y todo eso, ocurría estando fuera de casa, en una región de España donde nos trataban de charnegos y extranjeros. Por esa razón, me autodenominaba como un apátrida.

—Debo recordar que nuestra empresa de electrodomésticos "Las herramientas" —la que dirijo y gestiono personalmente a pie de mostrador— al igual que a todas las tiendas de electrodomésticos de España, se nos acabaron todos los televisores en color:

—La gente quería ver a Franco muerto en color, unos por una razón y otros, por otra muy distinta.

Marcas de fabricación españolas como Vanguard, Lavis, Radiola, Telefunken, Zenith, Merri, Iberia, Kolster, Emerson, Saba, Itt, Inter... más los "Cuneros", fabricados por los mismos técnicos; casi en su totalidad se fabricaban principalmente en Cataluña.

En nuestra cadena de tiendas de electrodomésticos *Las herramientas*, vivimos el crecimiento de la sociedad española de forma paralela a la evolución e incorporación de nuevos y mejores aparatos en todas las gamas del sector: (GB) Gama Blanca: frigoríficos, lavadoras, cocinas, etcétera. (GM) Gama Marrón: televisión, videos, compact disc, etcétera. (HIFI): tocadiscos, amplificadores, sintonizadores, cajas acústicas, etcétera. (PAE) Pequeño Aparato Electrodoméstico: planchas, batidoras, cafeteras, tostadores... (VM) Varios Marrón: grabadoras de cassette, pilas, agujas de tocadiscos, etcétera.

A medida que la sociedad iba incorporando estos aparatos a sus respectivos domicilios, la sociedad en su conjunto lo veía como un medidor del progreso y del avance contractual, de ahí que el crecimiento y el bienestar nacional se presentara con un cierto paralelismo con nuestro sector y la democracia.

—La muerte de Franco le abrió la puerta a la tecnología en color.

Era el inicio de la mezcla de los tres colores primarios: rojo, verde y azul, los culpables de la invasión de la televisión en color a la mayoría de los hogares españoles. Un televisor de la época costaba entre tres o cuatro sueldos mensuales, con esa cantidad tenías para la entrada de un piso. Pero mucha gente prefería la televisión en color, era un distintivo diferencial y de acomodo entre familiares y amigos.

Recuerdo que en los escaparates, y escrito a mano con bolígrafo bic azul, pusimos varios folios anunciando la novedad:

—Esta tarde a las 7 podrán ver dos anuncios en color.

La gente se aglutinaba en torno al escaparate para ver las primeras imágenes en color. Por ello, me siento un privilegiado por haber visto la evolución del progreso democrático a través del siempre fantástico mundo del electrodoméstico.

Sin duda, estábamos viviendo uno de los momentos más importantes de la historia de nuestro país. Muchos fuimos los que vimos un gran negocio con la introducción del color en los hogares de España.

Televisión Española empezaba a modernizarse dando imágenes en color y, a medida que aumentaba la programación en color, las ventas de televisores iban creciendo. La modernidad de las imágenes coincidió con la inminente llegada de la democracia. La gente, en general, creía y relacionaba los cuarenta años de dictadura, con el gris y el blanco y negro.

Por esa razón, el año 1975 está vinculado a tres factores importantes:

1.   Muerte de Franco.

2.   Ventas de televisión en color.

3.   Nombramiento de don Juan Carlos I como Jefe del Estado Español.

Entre toda la transición, las mentes más progresistas empezaron a vaticinar la salida del estado de somnolencia prolongada de la mujer. Se avistaba que las mujeres fueran rescatadas de su reclusión hogareña para participar en política y en la sociedad activa y reivindicativa de igualdad.

Todos los productos fabricados en Cataluña —que eran muchos— los anunciaban y argumentábamos como productos españoles.

La España eficiente, moderna e industrial que Franco soñaba, empezaba a verse hecha realidad. El 28% del PIB procedía de las industrias españolas.

Los cambios políticos que se avecinaban nos dejaban a los emigrantes en zona de nadie: Nos sentíamos españoles, sí o sí, pero vivíamos en una región donde empezó a despertarse el nacionalismo catalán y por ende el resentimiento a los españoles.

Ahora solo dependíamos de nosotros mismos, era el momento de aprovechar las nuevas oportunidades.

Capítulo 12

Llegaron tres días decisivos para la esperada España contemporánea. Los españoles pasamos del franquismo a la monarquía, sin enterarnos de qué iba todo aquello. Sólo un círculo muy limitado sabía que el mismo 22-N comenzaba el fin del régimen. El rey tenía claro que todo dependería de su primer discurso internacional.

En junio de 1976 el rey visitó Estados Unidos y en su discurso ante el Congreso americano don Juan Carlos I dijo:

—La Monarquía hará que, bajo los principios de la democracia, se mantenga en España la paz social y la estabilidad política, a la vez que se asegure el acceso ordenado al poder de las distintas alternativas de gobierno, según los deseos del pueblo español libremente expresados.

Fue en aquella época cuando empezó a popularizarse un electrodoméstico en los hogares españoles. El lavaplatos. Recuerdo que la gente pudiente, los que tenían empleada de hogar decían:

—Como se quedan los platos a mano nunca lo hará una máquina lavaplatos.

—*¡Sa jodío!* Como ellas no los lavaban...

Pero las amas de casa de clase media que trabajaban también fuera de casa: maestras, enfermeras, empleadas de comercio, secretarias y algunas funcionarias que lavaban a mano, vieron una solución al martirio del lavado diario de vajilla y cristalería. Eran tiempos del reino —machista— donde los hombres, ni lavaban, ni cocinaban, ni hacían nada relacionado con las faenas del hogar. Salvo honradas excepciones, como es lógico pensar. Existían los llamados mandilones, ejemplo de maridos que colaboraban con los quehaceres domésticos.

Aquellas palabras del rey, recuerdo haberlas visto por televisión en color y en familia. Por esa razón, manteníamos conversaciones, sobre todo con mis hijos, que se hicieron mayores muy rápido. Ellos decían:

—Ya era hora que llegara la democracia a este país —dijo el primogénito que se llamaba Nicolás, como su padre y su abuelo—, el resto de la prole pensaba lo mismo. A lo que yo le contesté:

—Tú y vosotros, precisamente, no os podéis quejar de la vida que habéis tenido hasta ahora.

Aquellas declaraciones del rey no fueron notificadas al presidente Arias Navarro. Éste se sintió ofendido en su honor patrio y no le dejaron otra alternativa que la dimisión.

El Rey Juan Carlos I supo superar con maestría aquél momento de presión.

Ante esta inesperada disyuntiva, se aceleró el proceso democrático al que estábamos abocados los españoles. Recuerdo que la mayoría no teníamos ni idea de lo que estaba aconteciendo en el país.

El Consejo del Reino nombró tres aspirantes a presidente del gobierno. Adolfo Suarez fue el candidato nombrado por el rey y el elegido.

A los españoles de a pie nos gustó ver por televisión la nueva imagen del presidente elegido, pese a que el nombramiento de Suárez no gustó a la oposición democrática ni a los círculos diplomáticos, ni a las editoriales nacionales. Todos, excepto el rey y los trabajadores más sencillos y piadosos, creyeron que el nombramiento de Suarez había sido un inmenso error.

El nuevo presidente del Gobierno tenía un don natural, talante discreto y apaciguador, estos dones le ayudaron a tranquilizar la crispación del gobierno.

Muchos de los consolidados gobernantes se preguntaban:

—¿Qué nos han hecho para permitir normalizar la presencia en el Gobierno a los enemigos de la patria y de Franco?

La gente seguíamos trabajando como si nada hubiera sucedido. No sabíamos o no queríamos ver lo que se estaba cocinando entre bastidores. Yo personalmente aposté por potenciar la venta de planchas a vapor, era un convencido de su potencial, dado que a la gente nos encantaban la ropa libre de arrugas por estar considerado como un símbolo de refinamiento, pulcritud y categoría social. Eran tiempos evolutivos de muchas empresas.

El rey y Suarez, diseñaron una estratagema de aproximación del gobierno a la oposición democrática. En poco tiempo se produjeron los primeros contactos con los partidos de la oposición democrática —durante los meses de julio y agosto, Suárez habló con democristianos, socialistas, catalanes nacionalistas, incluso aunque de forma indirecta a través de personas interpuestas, como Santiago Carrillo, el secretario general del PCE.

En esas fechas tan transcendentales para nuestro país, los emigrantes de la España pobre, volvimos a nuestros pueblos y ciudades de vacaciones como de costumbre. Aquel agosto nos enteramos de la amnistía política, quedando excluidos los —delitos de sangre—. La amnistía incluyó a profesores de universidad, líderes sindicales de Comisiones

Obreras, Unión Sindical Obrera (USO) y UGT. Fue un paso importante. Algo que los más afines al régimen no aceptaron con agrado.

Y, empezamos a oír opiniones de los paisanos desplegados por España, Europa y el mundo, gente que como yo, huimos del trabajo duro del campo —cuando todas las labores agrícolas se hacían derramando sudor, fruto del esfuerzo de sembrar y cosechar a mano—.

Hasta ahora, en los pueblos se vivía en un ambiente afable y cariñoso entre todos los vecinos. Todos teníamos el mismo pensamiento político, solo existía uno porque no podías pensar de manera diferente.

La opiniones se divisaban bajo la sombra de la Guerra civil— eran incógnitas de advertencias y miedo. La gente humilde no quería ni necesitaba cambiar nada. Pese a su pobreza, les iba bien como estaban. Y salía la mítica frase:

—Virgencita, virgencita que me quede como estoy.

Todo iba muy bien encaminado. —Paso a paso—. Quedaba un escollo importante que resolver antes de la aprobación y refrendo de la Ley para la Reforma Política.

El miércoles 15 de diciembre de 1976 empezó el baile democrático en España. Tuvimos que ir a las urnas para votar el referéndum sobre el Proyecto de Ley para la Reforma Política.

—TU VOZ ES TU VOTO— fue el eslogan para animar a los españoles a que diéramos el primer paso para la reforma nacional.

A partir del referéndum, el gobierno de Suárez asumió la tarea que la oposición había asignado a ese gobierno:

—Convocar elecciones generales.

Entre tantos ajustes y cambios políticos, los ciudadanos vivíamos ajenos a la política, salvo los que auguraron que era el momento de acoplarse a un partido, sin miedo y sin importarle lo que pudiera ocurrir. Las siglas daban igual. Solo veían futuro en la política.

Mi amigo, que era un político camaleónico, como otros muchos, me dijo:

—Nicolás, es tu momento. Únete a mí y haremos de Cataluña una región diferente, la diseñaremos a nuestra imagen y con nuestros propios criterios, no con los de Madrid, y con gobernantes de aquí.

Sin saber qué decirle, le comenté:

—Perdona Jorge, hasta ayer gritabas viva Franco e ibas a los toros. Da igual, yo no vine hasta aquí para hacer política pero agradezco tu propuesta, pero déjame que cavile tu ofrecimiento.

Desde ese mismo instante, supe que, en política, la mejor forma de andar es aparentar quietud; y los mejores negocios saldrán del árbol de la discreción.

Era el momento ideal para situarse.

Yo, que siempre me consideré un emigrante del sur, no vi conveniente ser un actor de escenario político.

Aquella misma noche reuní a toda la familia y les planteé la pregunta:

—¿Os gustaría que me convirtiera en un político? Mi buen amigo Jorge, —el mismo que ahora le gusta que le llamen Jordi—, me ha hecho la propuesta. Le dije que no, pero viendo su insistencia accedí a consultarlo con la familia.

Damiana dijo no, después propuso sabiamente:

—Tú no, pero estaría bien que alguno de vosotros lo intentara. Los siete tenéis la formación adecuada para ambicionar un buen puesto, es más, yo diría que Nicolau como primogénito que eres, y por tu condición de abogado, podrías ser un buen político. Tienes todo lo que necesita un gobernante:

—Eres apasionado, tienes talento, actúas con realidad, chapurreas el catalán, te gustan los cambios, gestionas de forma decidida, tienes prudencia que es algo que mucha gente carece, y porque estoy convencida de que un joven apuesto y responsable como tú, atraería a los votantes como la miel atrae a las moscas.

—Veréis, estoy convencido que no debería haber dudas, en tierra de catalanes sólo deben gobernar los catalanes. Pero no mamá, no basta con querer ser un buen profesional de la política, hay que amar la profesión y creer firmemente en lo que se hace —contestó el mayor de los hijos.

Yo estoy de acuerdo, que como catalán que soy, avalo y apoyo las palabras de mi hermano Nicolau —dijo el menor de los hermanos.

—Tu astucia como letrado te abrirá las puertas de la política, bueno y tu padre, te dará la llave que abre la cerradura del nuevo mundo —insistió Damiana.

—Yo no voy a reivindicar que soy andaluz o catalán. Mi país es España y por ende soy español, viva donde viva dentro del territorio nacional o en el extranjero.

—No obstante, aquí y allí, me siento un extraño, un apátrida en toda regla, por gente egoísta que no comprende a los demás, de todos es conocido que hay un tipo de personas que se creen ser los mejores habitantes del mundo. Pero bueno, allá vosotros: cada uno es cada uno. Aunque:

—Creo que todo eso estaría bien, pero antes de que te ilusiones debo de comentárselo a Jordi.

—Ahora si me aceptas un consejo te diré que:

—Nunca pidas más de lo que des hijo mío, pero tampoco aceptes menos. Por lo demás, doy por hecho tu entrada en el parlamento nacional o catalán. De ese por menor, se encargará tu padre. Creo que es hora de que alguien obligue al gobierno de turno que nos transmita de efecto inmediato que todos los españoles somos iguales —le comenté a mi familia como patriarca y como macho alfa de mi manada.

—Está bien, me interesa y, además, creo que nos conviene a todos que alguien de la familia esté en el ajo de todas las salsas que se están cocinando y se cocinarán en un corto plazo.

Al día siguiente, en el almuerzo que pagué yo como de costumbre, le contesté a mi buen amigo Jorge:

—No, a la política Jorge, lo siento. Él me corto y dijo:

—Llámame Jordi por favor.

Después de lisonjear a mi amigo un buen rato le comenté:

—Pero sí deseo que tomes en consideración que mi hijo mayor Nicolás —ahora Nicolau— para que sea un aspirante a un cargo relevante en la política catalana, ya que él, si es nacido aquí y comparte ideas nacionalistas, pese a que todos sus ancestros somos nacidos en Andalucía. Yo no estoy capacitado para ser un buen político, pero la propuesta de que mi hijo Nicolau me sustituya en las listas para las elecciones nacionales, sería un acierto para tus aspiraciones. Él está más preparado que yo para prometer. Es cauto, sabe cómo y cuándo decir las cosas. Domina bien el lenguaje. Él no sabe engañar, pero tampoco se dejará que lo engañen. Así tendríamos un hombre de total confianza en el gobierno del país.

El enchufismo de familiares y amigos se implantó como el método ideal para entrar en política. Lo que justifica el hecho de las dinastías de políticos impuestos por unas siglas u otras a todos los españoles. Lo que menos importaba era el mérito e incluso el conocimiento de materia a representar. Pero en aquel momento eran realidades irrelevantes.

Con la democracia llegó el autoritarismo de los partidos: o aceptabas las reglas del juego o estabas fuera.

A esta mezcla tan explosiva y novedosa, todos, incluidos los emigrados de nuestros lugares de origen, nos tuvimos que ir acoplándonos a las nuevas iniciativas de la democracia.

Dos meses más tarde, los partidos iniciaron sus pesquisas para elaborar las listas al congreso de los diputados, en las que se encontraba mi hijo Nicolau. El hijo de Nicolás, el emigrante con suerte, será un posible diputado en el Congreso de mi país, ¡qué orgulloso estoy de mi gente!

Aunque primero, cuando llegué a esta región me identifique como EL SIN PATRIA. Hoy es peor aún, por sentirme EL APÁTRIDA.

154

Capítulo 13

El 18 de marzo de 1977 el gobierno promulgó el decreto-ley que regulaba las elecciones del 15 de junio de 1977. Para el Congreso de los Diputados establecía un sistema electoral de representación proporcional corregido, por la aplicación del sistema D'Hont y la fijación de un mínimo de dos diputados por provincia, lo que favorecía a las zonas rurales en detrimento de las zonas urbanas e industriales más pobladas.

Los españoles empezamos a familiarizarnos con la —sopa de siglas— se legalizaron 78 partidos políticos.

Un momento crucial para posicionarse. Los más "avispados", mentes afines a Franco de toda la vida, se dispersaron por la derecha extrema o moderada, otros pensaron que tendrían más futuro en la izquierda señoreada e incluso más radical. Lo que demostraron con sus cambios de mentalidad fue que, las ideas políticas, son fáciles de modificar cuando piensas en el poder y no en los demás.

Se iniciaron las propuestas electorales con un mismo compromiso. Todos los partidos sin excepción, recrudecieron sus ofensivas palabras contra sus rivales políticos acusándose recíprocamente de promesas electoralistas imposibles de cumplir.

Y ahí estábamos todos los apátridas marginados, dispuestos a depositar un voto que nos tratara por igual, en esta desagradecida región de España, que desde el principio nos mira con recelo y por encima del hombro.

Es vedad, en nuestros lugares de origen nos alimentábamos y ahora comemos, es la diferencia sustancial de la emigración. Pero antes y ahora, nadie nos regaló nada; el duro trabajo de allí lo seguíamos teniendo aquí.

Todos los líderes de los 78 partidos políticos legalizados destacaron el mismo mensaje:

—Lucharemos hasta la saciedad por la nivelación territorial. No puede haber regiones de primera y de segunda —decían todos los líderes políticos ante los respectivos atriles.

Así fue como se inició la transición española a la democracia. Las personas sabias, de juventud avanzada decían:

—La democracia es la fórmula menos mala para ser gobernado. Siempre será más factible una democracia representativa sólida que una república bananera.

Mientras tanto, nuestras empresas seguían funcionando como si nada hubiera ocurrido. Ante las expectativas venideras, reuní a los responsables de cada una de ellas en la central, la ferretería "Las herramientas", y les concreté:

—Señores, la situación en nuestro país es delicada y transcendental. Nosotros viviremos ajenos a la política. Nuestras empresas no son de izquierdas ni de derechas, son empresas de servicios que damos trabajo a muchas personas. Se lo debemos a los hombres y mujeres que dependen de nosotros.

—Deciros que es un momento raro, incierto y desbocado porque sí, y porque está sucediendo así. En este país nuestro son muchas las personas que sufren, temen, padecen por la amenaza de otra guerra civil.

En aquella reunión de directivos, Damiana marcó estilo, derrochó elegancia y cautivó a los presentes apareciendo con una escotada prenda ennegrecida que emanaba seducción por doquier. Como responsable de la cadena hotelera también se encontraba allí y comentó:

—Nosotros estamos situados en medio, y si nuestros familiares, empleados y amigos nos preguntan:

—¿Qué es realmente lo que nos espera? La respuesta no debe de ser otra que: hay que seguir trabajando, sin más.

Con sus palabras y su atuendo, sentí orgullo por tenerla de compañera de viaje, al detectar cómo el resto de mis compañeros allí presentes, me tenían envidia por tener por esposa a este cañón en casa.

Mientras mantenía la mirada ensimismado en Damiana, mi mente dejó a un lado mi abstractismo porque de repente, me vino una reflexión de don Eufrasio:

—*Si dices que el dinero no compra el amor es porque no tienes el suficiente.*

La reunión continuaba. El director de la constructora señaló:

—La situación de este año es complicada. Tal vez deberíamos admitir que los objetivos impuestos serán imposible cumplirlos.

Yo le miré fijamente a la cara y con el entrecejo fruncido le dije:

—Lo que tú piensas como imposible yo lo hago realidad. Si piensas en la tormenta acabarás empapado.

Él insistió:

—¿Qué cambiará de lo que se supone que nos traerá la nueva política?

—La respuesta está siempre en los hechos. Lo que cambiará serán los políticos. El ciudadano seguirá igual, trabajando para hacer grande este país —les comenté como presidente del holding. Y con las palabras de:

—Cuidarse y cuidar a los demás será nuestra misión. Estad alerta para mejorar nuestras actividades.

Terminé la reunión catalizando el Butragueño que llevo en mi interior y les metí un gol diciendo:

—En nuestras empresas no existen los sueños, solo hay unos objetivos que cumplir. Como presidente del consejo de administración de todas las empresas del holding, Las herramientas, quiero deciros que:

—Mi meta y la de cada uno de vosotros es que nuestras empresas cumplan con los objetivos impuestos a primeros de año por la dirección.

Inmediatamente después, Damiana, la jefa a la sombra de todos los negocios, por su condición de mujer inteligente y atractiva, por este orden. Sabedora del valor que tiene y tendrá el lenguaje universal de la sonrisa, la volvió a utilizar de manera inteligente para comentar:

—Ahora pasaremos al restaurante del hotel, los compañeros cocineros nos han preparado unas viandas dignas de ser saboreadas por los mejores paladares.

Cuando Damiana implantó —el día de la Gula— en nuestro hotel fetiche de Barcelona, seguramente no pensó que ponía en marcha lo que iba a ser referencia gastronómica en la capital catalana.

Todos teníamos claro que necesitaríamos tiempo para asimilar lo que nos estaba pasando.

Yo sabía del éxito meteórico que habíamos tenido en el siempre difícil mundo empresarial, y por esa razón hemos llegado a ser portada de las revistas más importantes de España. Incluso algún destello en televisión. Por todo: la familia, las empresas, los empleados y la amistad, nos sentíamos orgullosos de lo obtenido en nuestra vida matrimonial.

Mientras tanto, los nuevos políticos seguían a lo suyo.

El nuevo ministro de Economía, propuso la firma de un gran —pacto social—. El 27 de octubre de 1977, todos los partidos políticos, sindicatos y empresarios acabaron firmando y aceptando los llamados —Pactos de la Moncloa—. La propuesta de pacto también tenía un componente político, pues pretendía asegurar un clima de paz social suficiente para discutir la nueva Constitución. Fue un buen hacer político, una jugada maestra que pasó a la historia de España como fundamental para la transición.

La era de los: *espabilaos, enchufaos, y pelotas,* había llegado. Ciudadanos de todos los ámbitos de la sociedad buscaban un partido ganador, no para defender sus ideales, sino para lucrarse de la manera que les fuera posible. Las sedes de los partidos ganadores de las elecciones se convirtieron en una eficaz oficina de colocación. Los amigos de ministros, senadores y diputados eran acoplados con sueldos elevados en empresas con participación pública.

Mientras tanto, yo seguía dedicándole tiempo a los continuos avances de los aparatos electrodomésticos. Los fabricantes me informaban de las nuevas incorporaciones y por ende, del futuro del sector.

Todos me aconsejaban y decían:

—Los hogares de España están vacíos de electrodomésticos. Hay pueblos que ahora les está llegando la señal de televisión. Que hasta hace cuatro o cinco años no tenían agua corriente, ni desagües en sus casas. Es la hora de avanzar y de invertir en consumibles.

Como empresario, pensé en la oportunidad del momento. España necesitaba una plataforma de distribución para equipar los hogares de electrodomésticos, muebles, vajillas y cristalerías. Y empecé a cavilar en un nuevo proyecto:

Una cadena de ventas al por mayor y otra paralela de ventas al detal.

Los avances democráticos continuaban a una velocidad de vértigo. Los currantes españoles seguíamos trabajando en lo nuestro, y los políticos continuaban con el proceso del cambio:

Se creó una Comisión de Asuntos Constitucionales en el Congreso de Diputados para elaborar el proyecto de Constitución que luego sería discutido en el pleno de la Cámara, para su posterior debate en el Senado. La Comisión a su vez nombró una ponencia de siete miembros para que presentara un anteproyecto. La formaban tres diputados de UCD: Miguel Herrero y Rodríguez de Miñón, José Pedro Pérez Llorca y Gabriel Cisneros; uno del PSOE: Gregorio Peces Barba; uno del PCE-PSUC: Jordi Solé Tura; uno de Alianza Popular: Manuel Fraga Iribarne y uno por las minorías vasca y catalana: Miquel Roca Junyent. Facilitó que se produjeran concesiones mutuas entre los diversos partidos para llegar a un texto constitucional que satisfaciera a todos.

La ponencia realizó sus trabajos bajo la confidencialidad más estricta, a resguardo de la vista del público. Los ponentes se propusieron lograr un texto de consenso que fuera aceptable para las grandes fuerzas políticas para que cuando éstas se alternaran en el gobierno no tuvieran que cambiar la Constitución.

A diferencia de lo sucedido en España en los años treinta, en los años setenta hubo un consenso generalizado sobre la necesidad de un texto constitucional que tuviera el apoyo de la inmensa mayoría de los grupos políticos. A él se llegó tras dieciocho meses y a través de un texto de más de 160 artículos. Pero el final feliz no debe hacer olvidar la dificultad de un proceso del que son testimonio tanto esa duración como la longitud de la Constitución

—Fue una rebuscada fórmula que le permitía aceptar la monarquía... sin pronunciarse a favor de la misma. Por otra parte, los partidos de ámbito estatal admitieron la propuesta nacionalista.

En lo que respecta a la música, la canción del año 1977 fue la número 1 de Los 40, *Libertad sin ira*, de Jarcha. Se hizo famosa por ser utilizada como el himno de las elecciones.

En 1977 se dijo adiós a la empresa catalana fabricante de electrodomésticos. Su último anuncio publicitario fue:

La noticia nos dejó a todos un poco tocados, la fábrica de las campanas extractoras de humos, ventiladores de todo tipo y una amplia gama de aspiradores y enceradoras Numax de Barcelona, anunció el cierre de su fábrica.

Fue el inicio del cierre sistemático de fábricas relacionadas con el sector.

Capítulo 14

Finalmente el 31 de octubre de 1978 fue votado en el Congreso y en el Senado el proyecto de Constitución.

Adolfo Suarez hizo realidad su promesa cuando dijo su frase más popular:

"Puedo prometer y prometo intentar elaborar una constitución en colaboración con todos los grupos representados en las cortes cualquiera que sea su número de escaños".

Otra nueva votación: el 6 de diciembre de 1978 los españoles Votamos la Constitución, siendo aprobada por el 88% de los votantes, y rechazada por el 8%, con una participación del 67,11% del censo.

Salió a la luz la primera constitución democrática de la historia de España. Fue un día grande para celebrar y para no olvidar. Por primera vez en la historia la mayoría de los españoles estábamos de acuerdo en algo.

He aquí el artículo primero:

La soberanía nacional reside en el pueblo español, del que emanan los poderes del Estado. La forma política del Estado español es la Monarquía parlamentaria.

Los políticos hicieron su trabajo y nuestro sector continuaba a lo suyo.

En 1978 la marca española Fagor electrodomésticos, lanzo al mercado su primer horno individual para integrar en muebles de cocina. Desde entonces, Fagor se erigió como una marca vanguardista en el sector de electrodomésticos de encastre <Mi sector> por excelencia.

Un día del mes de agosto cualquiera, Juana, una señora amiga y vecina de mi pueblo que le había hecho el favor de colocarle a su hijo en la ferretería Las herramientas en

Barcelona, me comentó con voz de persona muy agradecida:

—Es usted una excelente persona don Nicolás.

La miré fijamente a los ojos y le dije:

—No lo haga usted correr por ahí. Después me despedí amablemente de ella.

Y continué con algunas reflexiones como esta:

—Quiero afirmar que tanto en Santo Tomé, como en el valle que le rodea, cercado de cerros, es el lugar más apropiado para las mentes privilegiadas. El llano el vergel ubicado en un rincón del paraíso escondido en un doblez del parque de la Sierra de Cazorla y las Villas, a mil kilómetros de Barcelona. Un escondrijo separado del mundo, ideal para que se confinen los pensadores de otros lugares: remotos o cercanos.

Para mí era como volver al pasado, retomar los orígenes y sentirnos de nuevo en casa, donde el tiempo marca un compás calmado y donde dejar que los sentidos se explayen, disfrutando con deleite cada minuto. Solo o en compañía.

Aquí nací yo, el lugar donde desde muy pronto, y donde debí tener conciencia de que estaba perdiendo el tiempo, pues mis ambiciones personales las tenía claras desde el principio. Sabía que si seguía aquí no encontraría el medio que de por sí me merecía. Yo era un muchacho estudioso, con grandísimas cualidades, sin poder enaltecer una sobre las demás. Por esa razón comprendí que el ambiente y el futuro en mi pequeña ciudad, no podría dar rienda suelta a todas mis ambiciones.

Hoy no me alegro de ser para los de aquí y los de allí un apátrida, pero yo solo sé que dispongo de dos pequeñas patrias dentro de España, mi país. Ahora mismo me viene a la mente otra de las sabias frases de don Eufrasio:

—*Somos la huella que dejamos y la huella que queremos dejar.*

Cuando salí de mi pueblo, Santo Tomé, allá por los años 50, dejé guardado en mi recuerdo toda su orografía, sobre todo, las vertientes del Guadalquivir, de unas alturas considerables. Configurados y delimitado por los elementos específicos que la enmarcan: los bordes escarpados a lo largo de toda la oquedad del rio.

—Añoro todos sus emplazamientos. Un lugar donde el mundo está como el día de la creación. Cuando retrocedo la mirada, veo lo frondoso de las cuencas envueltas en un amplio colorido, donde predomina el color verde por su extensa y variada gama. Era todo un espectáculo oír como resurgía el cantar incesante de los pajarillos desde el alba hasta el ocaso, en torno a ríos, riachuelos, arroyos, nacimientos y manantiales de agua potable que estaban abandonadas a su curso. Aparecían con las primeras lluvias del otoño hasta inicios del verano.

Un lugar donde los pájaros salen a danzar con sus plumajes de gala cada día. La magia con la que bailan dejan embrujados los aledaños de los ríos.

No existían ni acequias ni canales. En verano se producían en el rio de Cazorla unos estanques conceptuados de insalubres, dicho río arrastraba las cloacas de Cazorla. Todo su caudal se declaraba zona de palúdica.

El croar de las ranas y sapos se convertían en una agradable pesadilla para los vecinos, desde el atardecer hasta la alborada era continua. Ya por la tarde, cuando el sol imponía su justicia, las cigarras cantaban hasta desgañitarse.

Cuando partí no existían conducciones de aguas en las casas, el abastecimiento se hacía por medio de caballerías particulares y los más pudientes pagaban por la carga de agua a 2'50 ptas. Sin embargo, existían 120 pozos de agua no potable, en su mayoría se usaban para dar de beber al ganado y para riego de las plantas.

Yo siempre aconsejo a todos que centren su mirada para adelante, pero es inevitable, cuando vuelvo, me acuerdo de cosas que ocurrían de forma rutinaria y que hoy es impensable. Por ejemplo:

La corriente eléctrica la suministraban dos compañías: el Duende y la compañía FEDA. La energía procedía del rio Guadalquivir.

Teléfonos y telégrafos no existían. Solo había un agente Postal en Santo Tomé que recibía el correo por Villacarrillo.

Las vías de comunicación no existían, la estación más próxima era la de los Propios, en la línea Baeza-Granada, a unos 35 Km.

Existían servicios de particulares en coche sin un itinerario fijo.

Según las estadísticas, el ganado de la época que había en mi pueblo era: caballos, mulas, burros, cabras, ovejas, cerdos y vacas.

Los cultivos en la zona daban para vivir sin estrecheces a algunas familias y con escasillos a otros muchos. La producción era más o menos: trigo, cebada, habas, maíz, centeno, garbanzos, habichuelas, patatas, aceite y vino; este último lo transformaba solo unos cuantos. El resto del vino, que era bastante, llegaba de la Mancha en barriles de madera.

Siguiendo con los datos estadísticos cuando me fui en 1955 había 4.265 habitantes que vivíamos en 991 casa.

El pueblo tenía cinco escuelas de niños y cuatro de niñas y solo una mixta.

Los negocios más relevantes eran: una fábrica de harina, catorce fábricas de aceite, un molino harinero, un molino de pienso, once hornos de pan, siete carpinterías, cinco tiendas de tejidos y dieciséis de comestibles.

Otros negocios que subsistían con holgura: tres bares, nueve tabernas y una fábrica de hielo.

Existía y sigue estando la Iglesia. La feria y fiesta sigue inamovible los días de su celebración: del 23 al 28 de septiembre en honor a la Virgen de los Remedios, y la romería el 15 de mayo San Isidro.

Dejé aparcadas las experiencias y vivencias que marcaron lo que somos en la actualidad, para recordar con nostalgia el momento de vuelta a casa que era inminente, en unas horas partíamos de nuevo a Barcelona.

Llegó el crepúsculo del veraneo en casa, veíamos como un año más se bañaba de magia por la nostalgia emocional de volver pronto.

Era la hora de decir adiós al aire tibio y evocador que sabe acariciarnos para que no olvidemos de donde somos y por qué volvemos aquí.

Una vez recuperadas nuestras viciadas rutinas en el pueblo. Volvíamos con las baterías cargadas. Personalmente estaba ansioso por actualizarme de lo que acontecía en el cambio político, es un momento preciso e interesante. Necesitaba saber cómo se iba desarrollando el nuevo sistema gubernativo en España.

Eran fechas históricas que no podíamos dejar de observar. En breve, íbamos a votar de nuevo y teníamos que saber a favor de quien estábamos.

Eran instantes delicados de la transición que nos afectarían a todos por igual. Lo de igual discrepé, disiento y seguiré dudándolo...

Mientras tanto, la España política descubrió la importancia para sus beneficios del medio que más evolucionaba en nuestros días, que no era otro que la televisión.

Todos los políticos utilizaban el medio de comunicación por excelencia de los españoles. Desde el Franquismo hasta la inminente democracia. Los representantes políticos aprendieron el poder comunicativo e influenciable de la televisión. Nos explicaban con detalle sus diferentes percepciones y puntos de vista. Todos querían abanderar el progreso y el desarrollo del país.

Y en medio de este galimatías estábamos nosotros, los empresarios, que veíamos los acontecimientos como una oportunidad económica para despegarnos de la competencia.

Un día señalado como especial, el país entero se unió para gritar con una sola voz:

—¡Tenemos Constitución!

Fue un salto cualitativo de nuestro país. La base de la estabilidad estuvo aprobada por mayoría y por toda la sociedad española.

Con la firma, la eterna separación de los ciudadanos pasó a ser una unión, tanto por un bando como de otro. Era un adiós a una división de décadas desde tiempos inmemoriales.

—Todas nuestras empresas crecían de manera acelerada pero la que más, la de electrodomésticos —Las herramientas— capitaneada por los televisores de color. Era tan alto el negocio, que los fabricantes de las primeras marcas: Philips, Telefunken... nos invitaban con todos los gastos pagados en hoteles de lujo, a una selección de vendedores y empresarios de élite. La bonanza del gremio era imparable.

Los días y los años avanzaban incesantes, y donde más noté que yo también avanzaba con los años, fue al observar que los lóbulos de mis orejas se descolgaban y crecían con los años, era un síntoma de envejecimiento, observar cómo la piel del lóbulo aumentaba de tamaño de forma considerable a medida que cumplía años.

Ante tan cruel razonamiento, decidí descorchar una botella de vino tinto, el mismo que aconsejaba el sumiller del hotel, agarré dos copas de vino y me fui en busca de Damiana.

Y la magia telepática apareció. Al abrir la puerta de la habitación, Damiana me sorprendió: parecía un ángel disfrazada de demonio, se acababa de engalanar para la ocasión por simple y mera intuición, un traje de fiesta negro ceñido, diseñado para ocasiones especiales, me pareció la mujer más guapa y atractiva del mundo pese a la edad que nos acompañaba a los dos.

Lo que ocurrió después del brindis, es un secreto de alcoba que no estoy dispuesto a desvelar aquí y ahora.

178

Capítulo 15

Eran momentos convulsos pero yo me sentía rebosante de energía. Mi cuerpo y mi vida me encantaban. No necesitaba más, simplemente quería mantener lo conseguido hasta ahora en Cataluña, que era muchísimo pese a estar considerado un simple apátrida.

Con la democracia llegó la saga de los políticos. Ellos, los nacidos para ser políticos se irían pasando el testigo de generación en generación. Mientras unos cuantos se situaban para vivir de la sopa boba a costa de la política, otros, como yo, rehusaba gustoso a ser uno de ellos.

Mí yo empresario, ajeno a la política, no dejaba de abrir nuevos canales de venta y distribución, era un buen momento para aumentar la abundancia de cualquier negocio bien gestionado. Me dejé llevar por uno de los dichos de don Eufrasio:

—Las buenas rachas hay que aprovecharlas.

Fluía en todo mi cuerpo una energía positiva que influía en mis pensamientos afectuosos y empresariales. Y ese hecho, me hacía sentirme fenomenal, mi cuerpo irradiaba buena salud.

—Si los riesgos son altos, los beneficios se multiplicarán. Con ese planteamiento hice caso a mi hija Damianita y nos hicimos con una planta de envasado y distribución de agua embotellada.

Los hoteles y la gente la demandaban.

La metería prima era gratis.

Los permisos los teníamos concedido de antemano.

Debo reconocer que siempre le puse reparos a este proyecto empresarial, la razón:

—Si la gente tiene el agua gratis, ¿por qué la iba a comprar? Fue un éxito. En poco más de un año mi joven Damianita consiguió que se vendiera nuestra agua embotellada por toda España.

Desde el día de la inauguración de la fábrica:

—El agua es mi bebida favorita. He descubierto que tomando mucha, limpio y revitalizo mi cuerpo y mi mente.

Mientras tanto, yo seguía disfrutando de mi profesión: comprando y vendiendo electrodomésticos, viendo novedades, sirviendo y aconsejando a los clientes. Asistiendo a inauguraciones como la nueva planta de la marca Jata. En Tudela, Navarra.

En el inicio incesante de la transición, yo veía cambios positivos en todos los ámbitos de la vida de mucha gente.

Los políticos continuaban con sus quehaceres. En estas fechas, 1979, le tocó a las autonomías. Las primeras elecciones se celebraron en Vascongadas y Cataluña.

Mis empresas se encontraban bien situadas y mejor representadas, mis amigos de Convergencia estaban en el poder. Ahora tocaba conseguir un buen puesto para mi hijo Nicolás, el mismo que nos obliga a que le llamemos Nicolau. Él nos recalcaba a diario que el idioma catalán lo teníamos que aprender sí o sí. Pero el nombre de mi padre y el de mi abuelo, yo, no me lo cambio por nada, lo diga quien lo diga.

Hasta en mi Andalucía, que siempre se mostró sumisa al gobierno nacional, consiguió celebrar su referéndum autonómico el 28 de febrero de 1980.

A mí personalmente como español, lo de las autonomías me parecía una barbaridad política. Mi sabiduría interior me guiaba a pensar que era una desafortunada idea política. Las autonomías serían beneficiosas solo para unos cuantos listillos, vividores de promesas banales que alentaban a ediles mediocres con las promesas de que vivirían mejor si eran gobernados por gentes cercanas a ellos. —Nada más lejos de la verdad.

Desgranar mi país en diecisiete trozos... No lo veía. Estaba y estoy convencido que un buque se gobierna mejor con un dirigente que con 17.

Ante la perspectiva de que se desencadenara un «carrusel» de referéndum autonómicos, el gobierno decidió racionalizar el proceso. Y repartió: —café para todos— no quería problemas con nadie.

Sólo había una condición —sine qua non—: reconocer a España como una Monarquía parlamentaria pese al desgranamiento de sus 17 autonomías.

Fue en 1979 cuando los videojuegos se posicionaron en ventas en toda España. La marca Atari lanzó su nuevo videojuego: Lunar Lander seguido de Asteroides. Vendimos una cantidad importante en nuestras tiendas de electrodomésticos.

—¿Quién me iba a decir a mí, a Nicolás, un hombre sencillo de pueblo que 40 años después de instalarme en Barcelona me convertiría en un empresario de alto abolengo en Cataluña y en España? Yo, un apátrida, y aquí, que me autodefino como un andaluz, español democrático, humanista y cosmopolita. A mi favor diría que soy un empresario que actúa con valentía y que como hombre valiente que soy, nunca sueño por conseguir un objetivo, lucho hasta conseguirlo.

Sabedores de que uno de los mayores placeres del ser humano es comer. Instauramos EL DÍA DE LA GULA con el objetivo de conseguir —pingües ventajas— para nuestros negocios de empresas particulares y de afines instituciones gubernamentales (invitaciones a coste cero para directivos y políticos de alto rango) hacer uso del día de la gula fue todo un acierto empresarial. Una idea que hace unos años se le ocurrió a Damiana, mi mujer, con la excusa de juntar a la familia y amigos íntimos, la denominó: *EL DÍA DE LA GULA*. Todos los domingos y fiestas de guardar nos juntábamos en el campo. Todos comíamos en el mismo sitio donde algunos de los emigrantes llegados de todas partes de España, la señora Egisipa, mi suegra, agasajaba de manera altruista a los recién llegados. Su generosidad hizo posible una convivencia beneficiosa para la integración en la región. Quitó mucha hambre a gentes desconocidas. Mientras que el resto de la familia lo consentíamos unos con aplausos y otros, mirando para otro lado.

Ese hecho tan generoso lo sabían los políticos que aplaudían a la buena de Egisipa.

Por esa razón la etiquetaron como:

—La Suegra roja—.

El resto de la semana se comía normal, lo que la abuela Egisipa, madre de Damiana, ponía generosamente en la mesa.

Así vivimos los inicios y avances de la democracia española. Una transición brillante para muchos de aquí, y ejemplar para el resto del mundo. Nos estábamos convirtiendo en un referente mundial, aunque la situación económica no invitaba a alardear en exceso, quedaba mucho recorrido por andar hasta poder sacar pecho.

España durante cuarenta años aprendió a vivir como una nación unida. Si un ciudadano destacaba en alguna especialidad, tanto deportiva como empresarial, se convertía en un orgullo para el resto de los españoles sin importarle a nadie la región donde nació el éxito.

La democracia se instauró pacíficamente gracias a don Juan Carlos I. El Rey de España y don Adolfo Suárez, consiguieron asociar la restauración monárquica con el retorno de la democracia y el ingreso en Europa una vez agotada la dictadura del general Franco.

Siempre he vivido bajo la sombra de los consejos de don Eufrasio y por esa razón, no podría terminar este capítulo de la mejor manera, nada más y nada menos que con una de sus mejores exposiciones:

—Aparta de tu vida a los que conviven con la soberbia. Y abraza a los que viven la vida con seriedad pero con sentido del humor.

Capítulo 16

Mis relaciones conyugales siempre son armoniosas y prodigiosas. Lo que demuestra que ella es la persona que yo buscaba y que ella también encontró en mí el compañero que buscaba.

Somos una pareja abierta a sensaciones nuevas. Descubrimos desde el principio que la vida en su día a día, siempre te ofrece algún deleite nuevo que descubrir, una placentera y nueva sorpresa todavía es de agradecer.

Nos encantaba ir a las fiestas del pueblo: feria, Semana Santa y verano, nos escapábamos todos los años, nos lo pasábamos a lo grande. Sabíamos disfrutar de la vida, al mismo tiempo que éramos personas responsables, trabajadoras y precavidas.

Ambos nos encontrábamos radiantes, brotaba de nuestra rutina una energía positiva que transmitíamos a cualquier persona con la que nos cruzábamos.

La vida política continuaba con sus quehaceres.

En aquella época, los emigrantes que cruzamos Despeñaperros en busca de una vida mejor, cuando volvíamos a nuestros respectivos pueblos de vacaciones, nos miraban como forasteros. Ante la nueva situación política, nos quedamos en una especie de limbo, éramos unos apátridas en nuestro propio país, no soy de allí, ni de aquí por estar considerados como votantes enemigos.

Entre aquel susurrar político; cada día aumentaban nuestro volumen de negocio y esa situación nos generaba a Damiana y a mí un estrés *desbordador* que aplacábamos satisfactoriamente mejorando noche tras noche nuestra vida amatoria. Nuestros cuerpos enamorados se fortalecían, ella aumentaba su musculatura pélvica y yo, con la práctica diaria y con el consumo del aceite de la cooperativa de mi pueblo evitaba la disfunción eréctil. En definitiva, liberábamos las hormonas relacionadas con el placer y el bienestar. Sabíamos escuchar las llamadas de nuestros cuerpos enamorados.

El 23 de febrero de 1981 ocurrió algo deseado por unos pocos e inesperado para muchos. La frase:

—¡Al suelo todo el mundo!

Con este hecho fallido, España se jugó la Democracia. Los españoles cabreados sabíamos que de haber salido adelante el golpe de estado nada se hubiera arreglado, es más, se hubiera complicado todo.

Pero como en todo, hay cosas buenas y cosas menos buenas, para nosotros fue fantástico.

Jamás lo olvidaremos. Pusimos televisores en color en los escaparates para que la gente viera lo que estaba ocurriendo en Madrid, Valencia... Otro momento estelar para la retina, fue el intento fallido de derribar al teniente general Manuel Gutiérrez Mellado por el Golpista Tejero.

Los españoles no sabíamos que hacer. Todos estábamos pendientes de la televisión. Aquél intento de volver al pasado nos volvió a dar un nuevo empujón económico con la venta masiva de televisores en color.

Cada frase y cada inalterado momento que se producía era una reacción automática de ir a comprar un nuevo televisor. Acto que el sector agradecía.

La Democracia española debe su estabilidad a la monarquía parlamentaria. El Rey achantó a los golpistas del 23F.

Recuerdo aquellas palabras del rey como tranquilizantes y alentadoras. De hecho, dos horas más tarde, Milans del Bosch ordenaba la retirada de sus tropas y a la mañana del día siguiente Tejero se rendía, siendo liberado el gobierno y los diputados.

—El golpe del «23-F» había fracasado.

Con los juegos miserables de golpistas y nacionalistas, me dio la sensación de estar construyendo una España fría, indispuesta y arruinada.

—Esta afirmación es una pura y simple intuición de un empresario que vive en Cataluña, que por haber nacido en Andalucía me llaman charnego y los andaluces me llaman forastero y emigrante por dejar mi tierra en busca de un porvenir. Y por esas razones me siento un apátrida en mi propio país.

Ante aquel desmadre político, la producción y las ventas de electrodomésticos —línea blanca— y PAE atravesaron una recesión que hicieron disminuir las ventas casi un 10%. La diferencia la suplimos con el incremento de la —línea marrón— que continuaba en alza.

El resto de mis empresas crecían incesantes. Era el inicio de una época de bonanza económica para la región catalana, no así para la española.

Poco después se convocaron manifestaciones de apoyo a la Constitución y en defensa de la democracia que fueron las más multitudinarias de las celebradas hasta entonces, alentadas por el hecho de que todos los ciudadanos habían podido contemplar por televisión lo que había sucedido en el hemiciclo del Congreso de los Diputados ya que los golpistas creyeron que las cámaras estaban apagadas cuando en realidad seguían grabando.

En medio de todo aquel *berenjenal de los tira y afloja*, la gente humilde continuaba con la huida de la precariedad en busca del maná que suponían existía en las regiones ricas de España. Muchos ni se imaginaban en la —*antipatía*— donde se iban a meter.

Aquel episodio equivocado de la historia de España sirvió para reforzar la democracia y fortalecer la Constitución. Lo que me vino a la mente la frase de don Eufrasio:

—*A veces cuesta entenderlo pero Dios tiene una razón para todas las cosas que pasan.*

Pese a todo lo vivido por los acontecimientos en mi copiosa vida empresarial, cuando cierro los ojos y retroactivo mis pensamientos, veo e inhalo positividad y exhalo bondad para todos los que intervinieron ya que de una u otra forma, contribuyeron a hacer más grande la historia de España por su ejemplar transición.

Capítulo 17

Mientras los historiadores y politólogos internacionales valoraban la Transición Española como un ejemplo, los españoles hastiados de tantas elecciones y de tantas promesas iniciamos la visualización comparativa de los políticos a la casa de *tócame Roque.*

La mayoría de los ciudadanos veíamos con tristeza el fuego cruzado de las polémicas entre amigos de ideas distintas. Pasamos de la admiración del mundo a ¿qué les pasa a esta gente?

Los mayores que vivieron la guerra civil intranquilizaban constantemente a la sociedad con comentarios alertadores:

—Así empezó la guerra civil, así, así...

—Lo que está pasando hoy es malo pero, lo que pasará mañana será peor.

Ahí empecé a ver con claridad que la verdad es la primera víctima de la política.

Acababa de nacer una fecha histórica. El resultado electoral fue una fuente de inspiración para los "pájaros de mal agüero" que vaticinaron un retroceso histórico en el bienestar de los españoles. Nada más lejos de la realidad.

Los dos Presidentes de la desaparecida UCD junto con su Majestad el rey, fueron pilares básicos del hecho pacifista de la transición democrática. España está o debería estar agradecida por la forma y por el cómo se desarrollaron los hechos...

Fueron años de incorporaciones a nuestras rutinas ancestrales: cambiamos de manera inconsistente las comidas ricas de los derivados de la huerta, matanzas y comidas caseras y pan con chocolate por: mortadela de aceitunas, paté y bollería industrial, y una larga historia de alimentos elaborados.

Eso en cuanto a la alimentación. En electrodomésticos, las casas empezaban a estar equipadas con frigoríficos de dos puertas, lavadoras automáticas, televisión en color. Y la verdadera revolución fue la incorporación del PAE: cuchillos eléctricos, limpia zapatos eléctricos, yogurteras, rulos eléctricos (para los rizos de las mujeres), molinillo de café, licuadoras... algunos se quedaron en el intento, pero otros como: la plancha de vapor, la batidora de vaso, la cafetera eléctrica y la cafetera exprés, llegaron a nuestros hogares para quedarse. Todos los avances en electrodomésticos los asemejo a la política por entender que crecieron y crecimos paralelamente todos en torno a ellos.

Fueron hechos importantes en las vidas de las personas. Para muchos hogares modestos, comprar un electrodoméstico se convertía en un acontecimiento importante en sus rutinas. Por esa razón tenían una máxima para con mis descendientes:

—Guárdalo, a lo mejor lo necesitas mañana.

Los inventos y las nuevas incorporaciones a nuestro día a día eran incesantes, pero de todos los avances, hubo uno que desde el principio me dejó "atontao" por no saber cómo lo hicieron, ni cómo podía funcionar aquel mágico invento:

— EL MANDO A DISTANCIA, sin cables. Para mí, pese a mi experiencia en este mundillo fue con diferencia, el descubrimiento más significativo del siglo XX.

1984, hubo un hecho relevante, lo conseguido por María Antonia Martínez García, Presidenta de la Región de Murcia. La primera mujer en presidir una comunidad autónoma en España.

En 1985 María Aburto fue la primera mujer española que accedió a un mundo totalmente masculino: piloto de aviación comercial en España. Ejerció como piloto en la compañía Iberia. Eran fechas de continuas e imparables escaladas de la mujer en el mundo laboral.

Los españoles empezábamos a dilucidar las bondades y concesiones de la Democracia.

En esta fecha histórica, empezamos a vender los primeros ordenadores domésticos en nuestras tiendas de electrodomésticos. En

1984 la venta masiva la abanderó el ZX Spectrum y el Amstrad CPC al anunciarse en la tele, a un precio que rondaba las 45.000 pesetas (250€). Fue el regalo de Reyes por excelencia para muchos jóvenes esas Navidades. Me hice con la distribución oficial en España, y comenzamos al detal y al mayor, en tiendas y en grandes almacenes (fue un pelotazo). En apenas dos o tres años, se vendieron más de un millón y medio el ZX Spectrum.

Por entender que la informática doméstica había comenzado, dimos cursillos por todo el país a vendedores y técnicos de electrodomésticos. La informática se convirtió en una actividad cotidiana y masiva.

Paralelamente a este hecho, con la llegada de las autonomías, España pasó de ser el estado más centralista de Europa a uno de los más descentralizados.

Con el ingreso en la CEE, fue un acontecimiento de alto significado en cuanto que concluía el secular aislamiento de España.

La guerra por la implantación de nuevas innovaciones tecnológicas las abanderaron los sistemas de videos junto con la informática. A la gente se les creó la necesidad de tener un video para grabar sus programas de TV y reproducirlos cuando pudieran o quisieran.

La guerra por el sistema de video se fue clarificando al ir ganando terreno el sistema VHS, el menos bueno de los tres sistemas de video:

1. VHS fue lanzado al mercado en 1976 por la propia JVC y su empresa matriz, Matsushita (Panasonic), junto con un grupo amplio de licenciatarias.
2. Betamax fue un formato de vídeo analógico inventado e introducido por Sony a principios de 1975.
3. Video 2000 desarrollado por Philips y Grundig para competir con el VHS de JVC y el Betamax de Sony.

Otro hecho histórico fue la finalización del centralismo del Estado por las autonomías. Además de aprobarse los pocos estatutos de autonomía que quedaban pendientes, se procedió a una enorme descentralización del gasto público, al transferirse a las comunidades autónomas las competencias que determinaban sus respectivos estatutos y que hasta entonces, había venido ejerciendo el Estado central. Hacia el 1988 el gasto medio de las comunidades autónomas ya alcanzaba el 20 % del gasto público total y desde esa fecha siguió aumentando.

Mientras la política iba a lo que iba, nosotros continuábamos creciendo con nuestras empresas. Y yo en particular hice crecer a mi capricho empresarial: *los electrodomésticos.* Sin dejar de capitanear la nave del holding de empresas. En el sector ocurrían acontecimientos de forma continuada. De ahí el hecho de vincular las novedades del sector, con los nuevos decretos y nuevas leyes de la reciente democracia española.

La batalla por la comercialización de productos de video finalizó en 1988, con la implantación mundial del sistema VHS. Muchos de los clientes que aconsejamos para que compraran el "mejor" sistema: Betamax o 2.000, en algunos casos, se sintieron engañados.

Cada uno iba a lo suyo. España crecía y se modernizaba de forma vertiginosa:

—Todo el mundo quería tener un coche.

Los pisos que construíamos se vendían argumentando que la cocina y el cuarto de baño estaban "alicatados hasta el techo".

Pasamos del colchón de lana de oveja al colchón Flex de muelles.

Era el momento de gloria para el pudiente o nuevo rico; se creó la necesidad de comprar un apartamento en la playa. En aquella época, veraneabas en la playa o te consideraban un don nadie.

Un chalé en el campo, a diez minutos del pisito (vivienda habitual) era otro de los objetivos. Algo incomprensible e incongruente, tener una vivienda amplia y bien equipada con piscina, césped, huerto y árboles frutales para disfrutarla uno o dos meses al año. Mientras que el resto del año vivían en un piso de ochenta metros.

Todas estas acciones hacían crecer a todas nuestras empresas: constructora, ferretería, hotel, viviendas, electrodomésticos, muebles, productos sanitarios, desguaces, concesiones de automóviles, cerámicas, finca de olivos de mi pueblo y las fincas agrícolas de aquí, todas ellas eran productivas. Con la llegada de las autonomías y la independencia económica de los ayuntamientos, muchas zonas agrícolas cercanas a Barcelona se cambiaron o las convirtieron en zonas urbanizables, por una u otra razón.

Mientras los españoles nos excedimos en todas las expectativas políticas. Nuestras tiendas seguían siendo las encargadas de mostrar al mundo, los avances tecnológicos en todas las gamas: Informática, GB, GM, PAE, VM, etcétera.

Sabedor del autoritarismo del partido que mangoneaba mi amigo, sabía que aceptaba sus propuestas, o estaba fuera del sistema. Pero tenía que entrar al trapo, sí o sí, pese a saber que era una mezcla explosiva de malversación de fondos, tuve que admitir el pago de comisiones sin justificar al partido dominante de Cataluña. Decían que pasaban a un fondo de solidaridad que operaba como una caja B, ajeno al control tributario. Ellos a cambio, me compensaban con pagos sin partidas presupuestarias, adjudicaciones de compras y de obras importantes.

—Así hice mucho dinero en democracia. La pregunta que me tranquilizaba y manseaba mi conciencia era: o lo hacían nuestras empresas o lo hacían otras ajenas a nuestro entorno. Ante la duda, dimos entrada al egoísmo puro y duro: primero yo y después el resto.

Yo, como buen vendedor, siempre pensaba en ventas y compras, por esa constancia se me ocurrió una frase que transmití a todos los vendedores de mis empresas, es decir, a todos los empleados sin excepción:

—*El objetivo vender eclipsa el resto de objetivos.*

Mientras mis empresas y por ende, los empleados del holding, elegimos que la mejor manera para la transformación política era ver, oír, sentir e ir asimilando, solo lo bueno de todo lo que aconteciera.

Aun así, me preguntaba:

—¿Se puede ser empresario y buena persona a la vez? Los empleados en silencio pero por sistema, pensaban que los empresarios son personas sin escrúpulos y las compañías solo buscan el exclusivo beneficio y el poder.

A medida que avanzábamos en democracia, las personas criticonas las íbamos apartando de nuestras vidas. Aceptábamos a los clientes tal cual eran, sin importarnos sus ideologías políticas. Nuestros empleados asumieron que solo serían válidos si eran capaces de ver el mundo de esta nueva forma de mirarlo:

—Con pensamientos creativos.

Las competencias llegaban a todas las autonomías, casi siempre por las peticiones impuestas por catalanes y vascos. Los políticos nacionalistas enseguida aprendieron las reglas parlamentarias y cuando sus votos eran necesarios para formar Gobierno en Madrid, eran conscientes de sus oportunidades y barrían para dentro. Así fue como se inició el juego de los responsables del bipartidismo para conseguir entrar a manejar el Gobierno central. Sin importarles el resquebrajamiento solidario para con el resto de autonomías escrito en la Constitución. De tal forma que las regiones pobres seguirán siendo igual de pobres, o incluso más que con la dictadura y las regiones ricas, ahora comunidades autónomas, seguirán siendo más prósperas que en la dictadura.

Los españoles empezamos a ver, o a entender, las mentiras de los políticos camufladas en falsas promesas electorales. Observábamos en silencio a los gubernativos como se remangaban e iniciaban sus aventuras infectadas de corrupción, sin el más mínimo pudor.

Capítulo 18

Nadie se podía imaginar la cantidad de obras faraónicas que nos trajo el año 1992. He aquí los hechos más relevantes:

—Se celebró en Sevilla la Exposición universal, un hecho histórico que sirvió para dar a conocer a España al mundo y a los españoles.

—La autovía de Sevilla a Madrid.

—La inauguración del AVE también, de Sevilla a Madrid.

—Entre el 25 de julio y el 9 de agosto se celebraron en Barcelona Los juegos olímpicos, un evento multideportivo e internacional.

1992 un año inolvidable.

—Barcelona empezó a crecer antes de la democracia con sentido común, gracias a emprendedores valientes y osados como yo. Lejos se quedó la apuesta de progresar de aquella forma tan alocada, caótica y especulativa del inicio del éxodo nacional.

El desarrollo empresarial aumentó la economía de los habitantes de las regiones favorecidas por el Gobierno de Franco y por la riqueza masiva que aportaron los andaluces y los llegados de otras regiones de España:

—Juventud.

En Cataluña estaba considerado como el bienhechor de los emigrantes. Mi punto más álgido como empresario lo viví cuando, durante el gran éxodo, empecé a dar trabajo a todos los compatriotas que llegaron de las tierras del alto Guadalquivir. Llegaban extenuados pero ávidos por trabajar. Algunas familias, con hijos pequeños, hacían más complejo el viaje. Vestían con sus mejores ropas, algunos con remiendos y piezas de otras telas. Aquellas imágenes jamás las olvidaré. Por esa razón, los arengaba para que intentaran llegar a la cima del éxito. La fórmula era simple:

—Trabajar, trabajar y trabajar, no existe otra forma más directa para alcanzar la cima.

Después les advertía:

—Os verán como invasores, pero no hacerles caso, obviar las palabras de desaliento, nosotros no somos exiliados de Andalucía, somos españoles que llegamos a este rincón de España a trabajar y aportar bienestar y riqueza a esta región industrializada.

A muchos los ubicaba en régimen de alquiler con derecho a compra en pisos de mi propiedad, e incluso les ofrecía trabajo en algunas de mis empresas.

Ya en la soledad de la noche, recapitulaba y llegaba a la conclusión:

—Si estas personas vienen hasta aquí para trabajar, dejando atrás a sus familiares y lugares de origen, ¿por qué no llevamos parte de las industrias allí, y evitamos estos desequilibrios económicos entre regiones?

Pero nada fue así. Por esa razón:

—Debo reconocer que tanto favoritismo aupó al primer nivel económico a las regiones que más lloraron. Y consecuencia de tanto privilegio, brotaron los radicales nacionalistas entre los que se encuentran mis hijos y algunos hijos de los que como yo, emigramos de nuestras desfavorecidas regiones. Son los llamados:

—Emigrantes Charnegos de segunda generación.

De hecho, una parte importante de estos hijos de segunda generación también se consideran unos apátridas

Con la llegada de las autonomías, una parte importante de los habitantes se fueron radicalizando a medida que los nuevos poderes políticos hacían uso del llamado:

—"ENCHUFISMO" creando una cantidad importante de adictos a sus respectivos partidos políticos, que auspiciados por el idioma (caso de Cataluña y Vascongadas) y por el empleo fijo, consiguieron entrar a formar parte de las plantillas de instituciones gubernamentales:

—Ayuntamientos, Asociaciones, Diputaciones, Gobiernos autonómicos en todas sus concejalías y un largo etcétera.

Ante la incertidumbre que generó todo lo desconocido, di rienda suelta a mis instintos fabriles, haciendo uso de mi madurez, me arrimé al nuevo gobierno de la Generalitat de Cataluña, seguí por conveniencia empresarial los consejos de mi amigo el alcalde camaleónico y los de mis hijos mayores que empezaban a vislumbrar las mieles de la política.

Dejé que mis hijos y familiares hicieran uso de su propia personalidad. Aunque sus ideas políticas (nacionalistas) difieran de las mías. Yo dije y mantengo que lo de las autonomías es:

—Convertir a España en un conjunto de territorios enfrentados.

Algo incomprensible para este humilde emigrante que tuvo la suerte de conocer y saborear el deleite y la exaltación de la vida a raíz de convivir con dos mujeres extraordinarias.

El mayor de mis hijos, que también se llama Nicolás, aunque ahora dice que se llama Nicolau. También inició su andadura de forma vertiginosa en administraciones públicas y empresas acérrimas al nacionalismo. Y como no podía ser de otra forma, yo estaba a su lado.

Él, como primogénito era el punto de referencia de sus hermanos. Nicolau mantenía en privado que:

—Lo importante no es decir la verdad, sino lo que se dice y cómo se dice. Convencer, tener siempre la razón, la verdad, no cuenta.

Yo les decía a mis hijos:

—Los fallos se convierten en errores, solo cuando los corriges o intentas arreglarlos.

En España, se crecía a la misma velocidad de vértigo que los hogares iban rellenando sus casas de electrodomésticos y muebles. El pequeño aparato electrodoméstico seguía invadiendo las cocinas de los hogares españoles.

Damiana, una mujer que siempre se sentía joven. Tenía el poder de convencer con los cambios ya realizados. Ella no estaba hecha para continuar haciéndolo todo igual, quería mejorar cualquier cosa, necesitaba innovar constantemente. Damiana es una luchadora por sí misma, quería cambiar todo, pero eso exigía luchar contra mentalidades estúpidas.

En los inicios de su carrera empresarial como hotelera, la gran Damiana tuvo muchas dificultades para abrirse camino. Era ignorada continuamente. Era la empresaria invisible del sector, pero ella, nunca se sintió discriminada, ni se lamentó, ni protestó por las adversidades de los "machos ibéricos" ella simplemente, luchaba para demostrarse a sí misma que lo podía hacer igual o mejor que un hombre. Dami, jamás se sitió o quiso ser, una mujer florero.

Sin embargo sí que se lamentaba cuando sus colegas de profesión charlaban con su marido, Nicolás, el apátrida con suerte, sin que a ella le dirigieran la palabra. Algo poco sorprendente en la sociedad empresarial española de la época.

Cuando las trabas a sus empeños se convertían en barreras infranqueables por mandatarios incompetentes. Se refugiaba admirando sus obras de arte. Damiana se convirtió en una acumuladora de obras de arte, de artistas de renombre.

Mientras tanto:

El bipartidismo nacional aprendió a gobernar pactando con los nacionalistas para seguir con sus logros políticos. A cambio de cesiones de poderes y competencias del Estado como: educación, idioma, salud... a favor de las comunidades chantajistas:

—Mis votos por cesiones de poder para mi comunidad.

Y lo que los políticos de entonces y posiblemente los de ahora, aún más, no sabían, era que los españoles éramos conscientes de que cedían y cedían a cambio de un puñado de votos, para mantenerse en el poder. Sin especificar qué partidos fueron porque se alternaron en el poder y en las concesiones.

Debo decir:

—Que no todos los políticos son de la misma condición, es verdad, lo que ocurre es que abundan más los malos que los verdaderos políticos, los que hacen y saben hacer política. Hay una palabra genérica a los que todos se acogen para seguir en el poder:

—*MENTIRA*.

Las mentiras de los políticos son normales y continuas, los inauditos son los votantes que se creen o creemos sus falsedades.

Hoy, después de haber vivido más de 60 años en Cataluña, sigo teniendo el corazón dividido entre las dos regiones: Andalucía y Cataluña, y créanme, siento que soy El apátrida perdido en mi propio país, que no es otro que España, por esa razón pienso que:

—El llamado bipartidismo nacional, fue, y es, el culpable del comportamiento fanático de una parte importante de los separatistas. El independentismo siempre tuvo claro sus objetivos en las negociaciones con el bipartidismo Nacional:

"Votos a cambio de concesiones para mi autonomía" y de paso... si queda algo para lo personal... —Ahí lo dejo—.

Mientras tanto, los españoles de todo el territorio nacional, vemos el distanciamiento pretendido por un colectivo radical, como una traición a la madre patria, un apuñalamiento por la espalda promovido por unos dirigentes que buscaban y buscan el poder, sí o sí, para sus lucros o apariencias personales.

Aún despés de destapar la olla de los robos masivos de unos y de otros, los acérrimos, siguen sin creer lo evidente.

Por esa razón, yo Nicolás, un emigrante aventurero que como otros muchos compatriotas gasté mi juventud a favor de un lugar que no era y que hoy dudo que sea algo mío, me hago esta pregunta:

—¿Por qué? ¿Acaso alguien cree que la monarquía parlamentaria va a impedir hacer algo importante en España, o en algunas de sus regiones?

—Quien o quienes se crean que en una república se vivirá mejor que en la actual monarquía parlamentaria, se equivoca. Salvo que obtenga algún beneficio oculto por dicho cambio. Que su interés no es otro que el personal, el querer pasar a la historia como el revolucionario que implantó la república en España. —A otro perro con ese hueso.

Sería un ingrato y un desagradecido, dar la espalda a quienes me ayudaron a entrar en las administraciones públicas por la puerta de atrás, sin el menor esfuerzo. Lo hicieron conmigo y con muchísima gente. Fruto de aquella manada de enchufados, nacieron los famosos paniaguados.

—¡Ojo! Este colectivo de "paniaguados" nació en Cataluña y en las 14 comunidades autonómicas que forman el territorio nacional. El gobierno central iba cediendo competencias a cambio de unos puñados de votos para llegar o mantenerse en el poder.

Mis hijos, todos descendientes de mi matrimonio: Damiana y Nico, dos andaluces de cuna, ubicados por el destino en la región catalana. Hoy nuestra prole, son hijos y nietos nacidos y criados en Cataluña. Algunos de ellos, les encanta volver a Andalucía de vacaciones, a la tierra de sus orígenes en el mes de agosto, pero cuando llevan una semana, quieren volver a su tierra catalana. Algo no entendible por la familia y paisanos del pueblo.

Los del pueblo veían que llegábamos con coches nuevos, hablando de otra forma, alardeando de su bienestar social allí, en una región que ahora pretende ser un país dentro de su propio país. Una incongruencia nada entendible por mis paisanos, ni por mí.

La gente que reiteraba con orgullo ser naturales de su país, por supuesto que lo hacían sin el deseo expreso de insultar, pero una parte importante de los lugareños así lo sentían o sentíamos. Para la mayoría de ciudadanos españoles, España, es un país indivisible porque así lo dice su Constitución.

Una de las lecciones que aprendí en política es lo banal de los contenidos en los discursos. Un político amigo mío me decía que eran algo así:

—En política los discursos deben estar vacíos, libres de compromisos. Solo hay que declarar propósitos genéricos e inútiles. ¡Pero muy alteraos! ¡Ah! Muy importante, el político debe nadar entre dos aguas, ni sincero ni creíble. Bucear en la ambigüedad es lo correcto.

Mirar en el fondo de las miradas de los aspirantes a mandatarios, nos obligan a escuchar lo que sus ojos nos dicen, con el fin de saber elegir al mejor representante.

Capítulo 19

Hoy celebro mi cumpleaños en compañía de toda mi familia. Una celebración como nunca antes la había conocido, con tarta, velas, café e incluso con una copita de pacharán. Presumo de mantenerme bien, tengo cuerpo y cabeza para hacer lo que quiera y con la empresa que quiera. Han pasado muchos años desde que llegué a esta región de España y lo único que he engordado ha sido mi experiencia. He crecido y madurado como persona, cuando doy dos pasos atrás y miro con calma, valoro las cosas de otra forma.

Sigo enamorado de mi mujer, y por ella, mi cabeza gira en torno a las estrellas. Ella es la candela que calienta mi alma, la ilusión que justifica mi existir y el aliento que hace seguir bombeando mi corazón. Eso es, amor por amor correspondido.

Me levanté, cogí mi copa y la hice sonar golpeándola levemente con un cuchillo, vi como lo hacían en el cine.

Ahora, aprovechando que estamos todos juntos, utilizaré la sobremesa para hacer un viaje al pasado.

Os contaré cómo éramos en nuestra infancia vuestra madre y yo.

Empezaré advirtiendo:

Sin decir nada aún, enseguida entró al quite Damianita, la hija de mis ojos reprimiéndome:

—Papá, déjalo, fueron otros tiempos, otra época, otros recuerdos, otra vida.

Yo seguí como si no hubiera oído a Damianita.

—Que bien vivís hijos míos. Hoy estoy feliz. Vuestra madre y un servidor hemos conseguido una gran familia y una situación privilegiada. Los negocios nos reportan el dinero necesario para que todos vivamos cómodamente.

Por esa razón aprovecharé la tertulia para contaros:

—Llegué a Cataluña en una época en la que solo unos cuantos privilegiados tenían teléfono, coche, moto e incluso bicicleta.

Insistía en mis comentarios reflexivos:

—Si a los catalanes alguien le hubiera dicho que un tal Nicolás, un andaluz llegado de un pueblo chico del alto Guadalquivir, vendría a diseñar el mejor frente empresarial de Cataluña y España, le hubiera dado una gran risotada. A mí, que tuve que sortear dificultades sin cuento y haber pasado una infancia pobre y sumisa. Que llegué acompañado de héroes anónimos de todos los rincones de la España rural. Gentes humildes, dispuestas a dejarnos la piel por la prosperidad de esta región industrializada en detrimento de nuestras tierras nativas.

—Cuando dejé mi pueblo, no había agua corriente, ni desagües en las casas. Cuando necesitábamos aliviar, lo hacíamos en el corral donde teníamos que librar una batalla diaria, para que los famosos pollos picamierdas, patos, gallinas y pavos, no te dieran un picotazo en el despejado trasero, pues... para ellos, era un bocado especial lo que salía del agujero de las mil arrugas. Entonces se comía muy sano...

—El agua la traíamos del rio Guadalquivir en cántaros de cerámica, a lomos de un burro o mula. Los depositábamos en las cantareras que había en casa para su uso diario: beber y para las comidas. Para los animales y plantas utilizábamos agua del pozo que teníamos en el corral.

—Ya está papá con las batallitas del pueblo —dijo Norberto, el segundo de los hijos.

—Calla y deja a tu padre. Es bueno para que valoréis el confort que tenemos ahora —comentó Damiana, dando a entender la buena química que existía en el matrimonio. Ella, al igual que Nicolás, seguía enamorada de su marido. *Pese al desliz con el apuesto huésped.* Su éxito en la continua felicidad del matrimonio, radicaba en la aceptación mutua tal y como eran.

Giré la cabeza, la miré fijamente y le di las gracias antes de continuar:

—Gracias Damiana. Y continué diciendo:

—Yo solo intento mantener nuestras vidas en el recuerdo de vuestra juventud. Hoy, tal vez motivado por mi forma de ser y de ver la vida, me enorgullece saber que los que me conocen saben que soy un empresario respetado por los trabajadores.

Cuando llegué, no existía el desempleo, había faena para todos. Por esa razón, mi pasado lo dejé en el pueblo. Me centré en el presente, sin pensar demasiado en el futuro. Ahora aplicaré un dicho de don Eufrasio:

—*Ocurrencia de político necio, suspiro de monja y peo de fraile ¡Todo es aire!*

—Papá que soy un aspirante a político, ya podías valorarme un poco más, ¿no te parece? —comentó Nicolau, el primogénito.

Yo, actué como siempre, no me quedé callado y le recordé a mis hijos que:

—Gracias a lo conseguido con Franco, hemos podido costear los mejores colegios de la ciudad para todos vosotros. Y gracias a la implantación de la democracia en España, el salario medio ha crecido más de un 40% y el mínimo un 28%.

Os diré mi particular reflexión, algo muy importante que mucha gente no ha valorado aún de Franco:

—Su éxito no fue ganar la guerra, fue encontrar una paz duradera de más de cuarenta años. Y con la imposición del Rey como jefe de estado, lo que pretendía era consolidar la paz de los españoles.

Es verdad que el coste de la vida ha crecido lo suyo. Por ejemplo, una barra de pan cuesta alrededor de 50 pesetas y cuando nosotros llegamos no llegaba a 5 pesetas. Y que la construcción de una vivienda nueva nos cuesta alrededor de 10.000.000 de pesetas y por aquél entonces no llegaba a las 100.000 pesetas.

Pero con Franco no existía paro, los españoles nos comprábamos una vivienda con dieciocho o veinte años y un coche, nos casábamos a los veinte o antes incluso de hacer la mili. La gente iba a la escuela y a la Universidad. A los más estudiosos les daban una buena beca. Incluso nos dábamos el capricho de ir a ver una corrida de toros a la plaza Monumental de Barcelona, donde el arte convive con la muerte.

Tras un largo silencio, el autor de las faenas de más inspiración desgrana la hondura del hoy y el ayer.

—No empecemos papá. Y mujeres, ¿cuántas iban a la Universidad de Franco?

—Es verdad, solo iba una tercera parte, la mayoría para hacerse maestra escuela. La carrera más demandada junto con la de enfermera. Ahí te doy la razón, gracias a Dios, la mujer ha conquistado mucho a la desigualdad que existía, lo reconozco.

—Tuvimos que esperar hasta el 1977 para ver en el cine El último Tango en París, después del decretazo que acabó con la censura de Franco.

No pudo más y entró en el debate político, Damiana, la mujer que más conquistó en la época contemporánea del momento. Entró diciendo:

—Sí, es verdad, se abrían cines por doquier, los españoles queríamos ver películas del género —S—, el del destape, y de ciencia ficción como La guerra de las galaxias y la más taquillera Fiebre del sábado noche. Y con esas historias llegaron las modas: pantalones de campana, biquinis, camisas de cuadros y jóvenes despechugados sin una corbata. Todos esos logros, creo que no compensa el desorden institucional de este país. Tantas pintadas por las calles, tantos coches y lo que es peor, apenas queda gente en los pueblos, algo imperdonable a este y aquél gobierno. La riqueza se construye desde los cimientos (en los pueblos chicos) o zonas rurales de la España del interior.

—Sí y ¿qué? Gracias a la democracia pudimos poner un bingo en algunos hoteles y construir discotecas (lugar de ocio para la juventud actual). Y gracias a la política nacionalista de tus hijos y de unos cuantos como tu hijo, hemos duplicado nuestros beneficios y nuestras empresas.

—Y con respecto al papel de la mujer, te recuerdo que con tú Franco, solo aspirábamos a ser: cónyuges y mamás sacrificadas. Hemos tenido que esperar a la Constitución para empezar a recuperar derechos perdidos en el franquismo.

Damiana desde el principio se erigió como una mujer liberal que discutía incesantemente con el objetivo de romper las numerosas barreras de género que impedían avanzar a la mujer. Y continúo con sus reivindicaciones:

—Hasta el 1975 las mujeres, aunque llegaran a la mayoría de edad —a los 21 años—, no podían salir de casa del padre si no era para casarse o para hacerse religiosa.

—Hasta los tratamientos por infidelidad conyugal, eran distintos hasta que fue abolido en 1978.

—En esa "simple" cuestión, el hombre "tenía que tener notoriedad, es decir, poner una casa a su amante para que se le considerara en amancebamiento, mientras que, con sólo pillar a la mujer, ya se la acusaba de adulterio".

—En tu idílico mundo, nadie hablaba de malos tratos porque no interesaba a los hombres, pero haberlos, claro que los había, ya lo creo que había...

—Si quieres puedo seguir enumerando diferencias, —comentó Damiana un tanto enojada.

—¡No! Déjalo ya. Tienes razón, se hicieron muchas cosas mal, pero no todas fueron malas. Hay cosas que no entenderé nunca como:

—El aborto, el derecho al divorcio, los anticonceptivos, la pornografía, legalizar libros prohibidos. Hay cosas buenas en Democracia que hicieron que España cambiara de arriba abajo como:

—Museos, auditorios, festivales de cine, de música o de teatro, premios nacionales e internacionales, instituciones como el Cervantes o grandes eventos fueron surgiendo gracias al empeño de unos cuantos valientes.

Reconozco que después de tanto tiempo, hay restos de pensamientos que derivan de Franco: Militares e intelectuales conservadores que aún hacen oír sus voces en contra de la Democracia.

Todo eso está muy bien, pero, los verdaderos héroes del cambio fueron gracias a la emigración en España, que te recuerdo fuimos nosotros. —La generación que cambió España. Los primeros en dejar nuestras regiones menesterosas, los que crecimos con la dureza de la guerra y la posguerra, los que con nuestra huida cimentamos la libertad. Los que llegamos cargados de ilusiones a enriquecer las regiones industrializadas de España, los que sufrimos el dolor del desaire por ser pobres, los que pasamos hambre durante la extenuada posguerra. En realidad, fuimos la generación que inició el verdadero cambio liberal. Los que, en su mayoría, no sabíamos ni leer, ni escribir, ni tan siquiera que era la democracia. Y después de tanto esfuerzo, nos sentimos y nos llaman:

—APÁTRIDAS.

Los mismos que hoy vivimos en una especie de limbo, conocidos como los Apátridas por ser emigrantes que llegamos a Cataluña, comunidad autónoma Vasca, Valencia, Madrid... desde Andalucía y de otras regiones consideradas "necesitadas" con una maleta llena de esperanzas, de deseos por prosperar con esfuerzo y sacrificio. Y por si no lo sabíais, gracias a nuestras aportaciones hicimos grande al conjunto de España y los españoles, incluyendo a Cataluña y a los catalanes.

Llegamos con la creencia de una España grande y libre. Unido a unos valores disciplinarios que eran aceptados sí, o sí. Os recuerdo que muchos de esos valores fueron los causantes del esplendor progresista. Los españoles presumíamos de avanzar en pos de mejorar y conquistar metas. Las diferencias políticas nos unían y hacíamos bandera, y lo llevábamos a gala por ello. Ahora, nos enfrentamos, dividimos y lo peor de todo, esta separación se está enquistando.

En mitad de esta vorágine de pobreza, llegué a Cataluña en 1955 con tan solo 18 años (entonces menor de edad) —el cambio de mayoría de edad se produjo antes del referéndum del 6 de diciembre de 1978 y por decreto, para que los más jóvenes pudieran votar. Lo reconozco, fui un emigrante con suerte.

Desde entonces, unos años antes de la democracia, no ha cesado la emigración, fomentando con ello la desnivelación territorial del país. Ayudamos y seguimos ayudando con nuestras huidas a crear regiones de primera, segunda e incluso de tercera categoría.

Y aquí estoy yo, un empresario que cuanto más me adentro en el laberinto de empresas, mejor me siento.

Me encanta profundizar en un sector específico, importante y significativo como es el del electrodoméstico.

Como empresario avanzado diré mi opinión sobre los políticos demócratas:

—Los políticos en general tienen la costumbre de engañar para seguir en la poltrona del poder: poco curro, ingresos amplios, "0" responsabilidad. Claro está que los que le permiten seguir ahí somos los ciudadanos al depositar nuestro voto en las urnas.

Les vendría bien aprender a utilizar el juego del ajedrez en el bonito mundo de la gestión. El juego rey, tiene la virtud de fortalecer la estrategia en el intelecto. Los conocimientos adquiridos en el juego son aplicables a las actividades profesionales, tales como: eliminar, proteger, consentir, aplicar lógica, concentración, control de una frustración, superar tensiones, adaptación al ritmo de trabajo, admitir derrotas, a tener confianza en sí mismo, detalles éstos que a más de un *politiquillo* le vendrían bien aprender.

Yo, sin ir más lejos los utilizo desde siempre, y la verdad, no me ha ido tan mal.

Creo que no estaré muy equivocado cuando, sin ir más lejos. Cuando la Cámara de comercio de Barcelona creó el primer Foro de empresas catalanas, el objetivo era liderar la reconstrucción del futuro industrial español. Y, allí estaba yo, con mi esposa Damiana, al estar considerados grandes e importantes empresarios.

Recuerdo que en mi primera intervención hice una llamada a la unión para hacernos oír en el gobierno español. Sabía que siendo flexible podría mantenerme recto.

El objetivo:

—Estrujar el limón nacional, con el objetivo de alcanzar un acuerdo que favoreciera nuestras industrias y empresas importantes. Para conseguirlo, necesitábamos el respaldo de todos los presentes.

Dada la gratitud y respeto que me tenían ambas partes, la idea la teníamos clara vuestra madre y yo:

—Ganarnos la confianza de los

negociadores españoles y catalanes, para que les hicieran llegar a los líderes nacionales nuestras muestras de simpatía. Sabedores que con sus respaldos las adjudicaciones gubernamentales y comunitarias serían favorables para nuestro holding de empresas.

Pese a la obtención del acuerdo favorable en las concesiones para Cataluña, al finalizar la reunión, los políticos regionales se limitaron a criticar públicamente el acuerdo.

—A Dios rogando y con el mazo dando.

Aquella misma noche, en mis confesiones de almohada pensé que el beneficio otorgado por el gobierno central a Cataluña, sería una vez más en detrimento de regiones pobres como Andalucía. Me siento mal por ello, pese a los benéficos que obtendré tras el acuerdo.

Antes de dormirme me vinieron otras frases de don Eufrasio:

—Uno reconoce a las personas inteligentes por sus respuestas. A los sabios se les reconoce por sus preguntas—.

—La honestidad es un regalo muy caro; no lo esperes de gente barata—.

—Las sonrisas no solucionan los problemas, pero los hacen más llevaderos—.

Después me miró fijamente y me dijo:

—Dicen que el sexo mueve el mundo, pero una sonrisa quizás no se quede muy atrás. Nunca olvides sonreír Nicolás—.

Y acabaré describiendo mis desvelos por el futuro de Cataluña y por ende el de España:

—La crisis llegará con la implantación de las autonomías y afectará al consumo, empleo, inversiones y lo que es peor, a la convivencia ciudadana. Se dividirá a la población. En Cataluña será peor aún que en el resto de España por los acérrimos nacionalistas, aquí, en Cataluña se agravara frente al resto de España, lo presiento y lo veo venir—.

La decadencia económica irá de menos a más, tiempo al tiempo hijos míos.

Capítulo 20

Se abrieron en Cataluña una gran cantidad de opciones. Las oportunidades estaban por todas partes. A mí, como empresario *avispado* me guiaban solo los negocios con una posible conexión a mis empresas y que a priori, fueran visiblemente más rentables. Se trataba de adelantarse a la competencia.

Eran momentos de empresarios astutos, extenuantes y exitosos.

Tenía tanto trabajo, que yo no madrugaba, trasnochaba hasta ver la luz del alba.

Mi pasado menesteroso alimentaba mi presente suculento y me obligaba a ver con optimismo mi futuro.

Llevaba TODA LA VIDA preparándome para esta poderosa oportunidad. En ocasiones me pregunto:

—¿He llegado para triunfar? Entre la multitud de emigrantes que llegamos a estas emprendedoras zonas industriales de la España moderna. Entre tantas preguntas un día me dije:

— ¿Por qué fui el elegido? Y ¿qué vio e indujo al Destino fijarse en mí?

Algo o alguien me susurraron la respuesta:

—Porque todo lo que posees lo has construido desde la humildad. Eres un padre de familia excepcional, un jefe generoso y un incansable trabajador.

Desde que lo supe, me sacrifiqué incesantemente en aras del bien nacional, regional y provincial.

Llevaba tiempo pululando una idea, al considerar la cultura como un asunto fundamental en todas las sociedades.

Pienso en la cultura como una herramienta esencial para conseguir una sociedad mejor. Y Damiana, que es una adelantada a su época, creó la Fundación *Las herramientas*. La idea era ayudar a universidades y estudiantes avanzados a fortalecer el I+D.

Nosotros elegimos o seguimos los pasos marcados por nuestro destino, por esa razón, no debemos olvidar que cada uno es dueño de su propio destino.

En aquellos tiempos, —década de los 90— era indudable que Cataluña, Comunidad autónoma Vasca, Valencia y Madrid, ofrecían a quienes llegasen y fuesen capaces de verlo, condiciones precisas y preciosas para emprender y labrarse un futuro próspero, futuro que, en sus regiones pobres de cuna, no tenían la misma perspectiva, ni por asomo. Es más, con la llegada de la democracia, la brecha social se amplió aún más que la que existía cuando Franco gobernaba. Por esa razón:

—Muchos compatriotas del alto Guadalquivir emigraron a Cataluña enloquecidos por ver y comprobar como:

—"Era la desconocida comarca donde plantaron la semilla del amor Damiana y Nicolás. Comprobar la tierra donde fertilizó el fruto de nuestra juventud. Evidenciar las peripecias del viaje, donde el destino nos acomodó de forma casual en aquella antigualla del vagón del tren de la esperanza"—.

Con el abandono de sus respectivas casas, cada emigrante empobrecía con su huida a los suyos y con su presencia fortalecía a las regiones industrializadas de España, (ahora comunidades autonómicas) y a otros países de Europa y del mundo donde se dejaran caer.

A medida que avanzaba y se consolidaba la democracia, mayor era el boquete social entre comunidades. La despoblación rural era incesante, muchos pueblos de la España rural quedaban casi abandonados. Los mantenía vivos, algunos habitantes rebeldes, que se negaban a abandonar su tierra, la cuna de sus ancestros y de sus costumbres.

Gentes que durante muchos años fueron autosuficientes. Ciudadanos que sabían aprovechar todos sus recursos. Guardaban para cuando no había. Criaban cerdos en sus casas, para la matanza, donde aprovechaban todas las partes del cuerpo del animal:

Jamones de las patas traseras, paletillas de las delanteras. Embutidos: salchichón, chorizo, morcilla negra, sangrigordo, morcilla blanca. Tocino para el invierno, manitas, chicharrones, adobo...

Por el contrario, la hostilidad a los huidos crecía, a medida que se enriquecían las comunidades locomotoras de la economía española. Pese a todos los inconvenientes, las comunidades más humildes, como Andalucía, Extremadura, Galicia, Castilla la Mancha, Asturias e incluso la castellana, Castilla y León, seguían soportando el peso de la mano de obra joven y el alimenticio, como: aceite de oliva virgen extra, frutas, verduras, cereales, pescados, mariscos, materias primas necesarias para la industria alimentaria e industrial.

La desigualdad crecía en democracia a mayor velocidad que en la dictadura. Nadie pensaba, ni veía, ni tampoco decía nada ante tan desastrosa situación.

Los ciudadanos empezamos a distinguir a los políticos que hacían trampas y a los honestos, que eran y siguen siendo pocos.

En política, a tenor de los resultados y de las acciones de los políticos en general, —hasta ahora— lo que menos importaba era el bienestar del ciudadano. Todas las siglas políticas se aferraban al mismo planteamiento:

—*El objetivo voto, eclipsa el resto de objetivos.*

—Consiguiendo votos, mi poltrona está asegurada, y así, y por eso, seguiré prometiendo y prometiendo, hasta que descubran que mis promesas no se cumplieron por culpa de los otros partidos, el de los malos, naturalmente.

—Mis hijos me critican porque dicen que vivo en el pasado y que mis pensamientos siempre están en el futuro y con este hecho, dicen que se me olvida vivir el presente. Tal vez tengan razón, pero no lo puedo evitar.

—Estoy intranquilo porque me concierne y preocupa todo lo que ocurre en mi tierra de nacimiento y en mi casa de adopción. Pese a estar considerado por ambos lados como un APÁTRIDA.

—Mis empresas van bien, pero con algún borrón, en esta comunidad y en otras muchas ocurre lo mismo, cualquiera de las administraciones con las que trabajamos me obligan a pagar un porcentaje sobre el importe total de la facturación. Dicen que es para ayudas al partido que representan, pero yo creo que se lo quedan los dirigentes. Es verdad que ellos no tienen inconveniente que sus *tributos* se los incremente a la factura originaria. Al final, los que pagan los derroches y los lujos de nuestros representantes somos los mismos ciudadanos que:

—Votamos a estos apoltronados gobernantes y contribuimos con nuestros impuestos a las arcas del: Estado, Comunidad, Diputación, Ayuntamiento, y de forma voluntaria y altruista, contribuimos con: asociaciones sin ánimo de lucro, (destinadas a infancia, personas mayores o colectivos desfavorecidos) vecinales, educativas, culturales, deportivas, medioambientales, socioeconómicas, ONG, etcétera...

—El mundo está diseñado para listos, claro que... los listos existen porque cada día hay más tontos.

Que nadie cuestione mis fuentes de información de delitos económicos, son verídicos y acertados porque provienen de mi instinto, que lo sabe antes que el tiempo lo descubra.

Estos detalles míos provenientes de mi agudo criterio o corazonadas, a muchos les puede parecer impracticable e incluso estúpido, pero la realidad y el transcurrir de los años no ha dejado de darme la razón. Observen este ejemplo:

—Todos saben que tengo mucho poder porque tengo mucho dinero, pero nadie sabe cómo lo gasto. Por esa razón los *aprovechados y vagos* me persiguen como una jauría de perros hambrientos.

La vida son oportunidades. Unos las cogen y otros las dejan pasar. Simplemente es así.

Estas ideas te podrán parecer buenas o malas, pero son mis ideas.

Los tejemanejes de los políticos. Los empresarios que valoran y trafican con la famosa caja —B— saben que es un tema muy delicado, y vaticinan que al final alguien investigará los vínculos entre las adjudicaciones públicas y los pagos al partido. Y ese alguien lo pagará muy caro. Lo sé, y lo que es peor, lo saben.

— ¿Por qué lo sé?

—No lo sé... pero lo sé.

En Cataluña, a los foráneos se les trata de manera diferente en función de la riqueza que poseas:

—O eres millonario, o te conviertes en un vulgar charnego, y ya no eres nada.

Todo este embrollo literario sacado de la vida casi real de la gente que emigró de Andalucía y de otras regiones pobres, de mi país, a Cataluña o a otros lugares de España y del mundo; lo aplica con severidad para poder sobrellevarlo, el niño que llevo en mi interior, el que me obliga a ser feliz día a día, el inteligente que me exige pensar antes de tomar una decisión, el sumamente creativo e ingenioso que me enriquece la vida.

Él y yo, nos lo pasamos fenomenal juntos, y lo mejor de todo es que nunca pretendemos separarnos.

Si existiera un manual de instrucciones para sobrevivir en tiempos difíciles, lo correcto sería no olvidar que:

—Niñez y adultez continuamente les

corresponden caminar conectados.

Por todas esas cuestiones, algún día desvelaré, cual es mi sueño de futuro inmediato, el que me falta por cumplir en la vida.

O simplemente os lo diré:

—Cuando me jubile, volveré a mi tierra, al lugar donde nunca debí salir.

En el inicio de la carrera contra el tiempo, el mayor y más prudente de mis hijos, hará posible mi regreso al pueblo de mis ancestros.

Mientras tanto:

—El ruido inundaba mis oídos de manera estrepitosa por culpa de los autóctonos catalanes, que aman a los animales, pero odian a los españoles. Pero lo que ellos no saben, es que las batallas se ganan antes de librarlas en el campo de batalla.

Entre aquél aborigen de ideas y de hechos contrastados, me vino una frase emblemática de don Eufrasio:

—*Si tu enemigo es superior evítale, si estáis igualados combate, si no reposa y recapacita.*

Mientras tanto, me enorgullezco de llevar a gala las virtudes del aceite de la cooperativa de mi pueblo, gracias a las almas de miles y miles de jóvenes belicosos que nutren el fruto a través de la sabia de sus emblemáticos olivos. Para el beneplácito de sus consumidores.

Ante tanta expectativa positiva, se me cruzaban augurios entre votos y promesas electorales. Los ricos españoles empezaron a mover sus fortunas, temerosos por la incertidumbre generalizada las subidas de impuestos.

Pero pese a la inquietud existente en los capitales históricos, la maquinaria del dinero no se detuvo. En plenos procesos electorales, los grandes patrimonios no dejaron de funcionar, ni siquiera ante la posibilidad de nuevos impuestos que penalizaran su riqueza.

Aunque aquella nueva normalidad, no paró las continuas llegadas de emigrantes nacionales a las regiones que evocaban una especie de tierra prometida. Buscaban un lugar donde olvidar el pasado, donde pasar página por lo sufrido. Ante tanto trasiego humano había un icono a seguir:

A mí, a Nicolás, un emigrante con suerte, el mismo que cuando llegó se sintió como —el sin patria—el mismo que hoy se siente como — el apátrida— en su propio país, en definitiva, un emigrante en el Limbo.

Capítulo 21

Mi familia se convirtió en una figura esencial en la política y la economía catalana.

Yo, Nicolás, un emigrante con suerte, el sin patria, que llegó con lo justo a Cataluña, el mismo que llegó con su libro lleno de páginas en blanco, dispuesto a rellenarlas con los aciertos y fracasos que la vida o el propio destino tenían reservado o escrito para mí. Hoy, con una cantidad avanzada de hojas rellenas del libro de mi vida, puedo decir que soy el dueño de un imperio que engloba más de 100 empresas. Huérfano de padre, fruto de una contienda indeseada (guerra civil). Un jornalero andaluz que ha construido su fortuna gracias al amor incondicional de una mujer y del enamoramiento integro de otra gran mujer, Damiana, mi esposa. Digamos que supe aprovechar las oportunidades de unos tiempos de bonanza para tejer un entramado empresarial óptimo. Constructoras, tiendas de electrodomésticos, ferretería, chatarrería, hoteles, tecnología punta, coches, restaurantes... con todos esos parabienes lo he decidido. Fue cuando descubrí que los independentistas tenían como estrategia prioritaria la demolición de la democracia en España, decidí que tenía que salir y repatriarme al lugar de donde nunca debí salir.

Diré adiós desde la ventana que apunta al edificio de la ferretería Las herramientas, la tienda donde empecé a trabajar con Antonio, el veterano encargado de la señora Rosi. El lugar donde el empleado nacionalista me llamaba charnego.

El futuro aún no se puede escribir, solo podemos predecirlo. Pero hay algo de lo que nunca dejaré de presumir, no es otra cosa que las palabras de Don Eufrasio:

—*Primero las personas, el resto después.*

Es verdad que gané y gano mucho dinero. Cada día y sin cesar entra dinero a caja, tal vez por ser un abanderado de la austeridad.

Gasto lo que tengo que gastar, pero nunca nada más. Lo que refuerza mi teoría:

—*El rico es cada día más rico porque no gasta su dinero.*

De hecho, uno de los principales consejos que le doy a mis hijos y nietos es el de:

—Ahorrar para el día de mañana. Mentalizaros que hay que ahorrar para cuando vengan mal dadas.

Acostumbrado desde el primer juguete que les regalé a cada uno de ellos, cuando eran pequeños, fue un cerdito de barro con una rajita en la parte superior. Solo para entrada de monedas, imposible de sacar hasta el día de reyes:

—Cuando se deje caer la alcancía al suelo o sea golpeada. Ahí veíamos el nivel de ahorro de cada uno de ellos.

El día D, eran momentos memorables para los niños. Los más pendencieros lo solucionaban de un enérgico martillazo.

Y a partir de los dieciséis, una cartilla de ahorros a su nombre y el mío. La idea es que ellos puedan ingresar sus ahorrillos pero yo solo tenía la autorización de sacarlos.

También les recuerdo a mis hijos, veinticinco o treinta años después, que cuando llegamos, su madre y yo:

—Los emigrantes que veníamos jóvenes a Barcelona, nos casábamos enseguida, las razones eran claras:

—Necesitábamos dormir juntos, saborear las mieles del matrimonio con el amor de tu vida. Teníamos la seguridad de un empleo indefinido. Con el sueldo podíamos comprar una vivienda digna, con hipoteca, claro está. Y con esas premisas los niños llegaban enseguida.

Estas prematuras decisiones limitaban la libertad de movimiento de la pareja, que no era otra cosa que:

—Hacer lo que uno quisiera sin irrumpir en la voluntad de los demás.

Aunque la mayoría de los matrimonios que se casaban, lo hacían en plena libertad. Es verdad que: en aquellos tiempos y más ancestrales aún, ocurría que algún que otro matrimonio lo hiciera por el:

—Sindicato de la prisa. Ocurría cuando el deseo se anteponía a la obligación de respetar el día clave y el momento oportuno, y la novia se casaba embarazada.

Los emigrantes huíamos de nuestras vidas menesterosas: llegábamos a Barcelona sin saber dónde estábamos, solo sentíamos la colocación del estigma del indeseado. Concurríamos como unos apátridas. Vistos por unos y por otros, *los de allí y los de aquí*, como pobres e incultos, pero lo que ni unos, ni otros sabían es que todos teníamos unos valores predominantes:

—*La familia es un compromiso que hay que mantener y proteger.*

—Es verdad, cuando llegábamos no destacábamos en ningún oficio, pero todos cumplíamos como el que más, en cualquier profesión. Éramos enemigos del desaliento, perseverantes y obcecados, si no salía a la primera, saldrá a la segunda o tercera e incluso a la cuarta, pero al final del esfuerzo la recompensa era alta.

Las familias de entonces no tenían costumbre de explicar a los hijos —*los placeres de la vida*— pero lo que no podían evitar, era dejarse ver en sus comportamientos de pareja. Humildes pero respetándose, y por esa buena razón:

—Asumíamos todos, como buenos emigrantes que fuimos y somos, que cuando se acababa el amor de pasión, pasábamos al amor de comprensión y amistad. Y es el momento de mayor dicha: cuando te acostumbras a tu pareja, te amoldas y compenetras de forma natural a la forma de ser de cada uno. Cuando se alcanza esta situación, aparece el mayor descubrimiento de la vida en pareja: alcanzas el éxtasis de la vida y la felicidad perdurará hasta que uno de los dos es llamado...

Yo personalmente, cada noche, antes de alcanzar el sueño profundo, rememoro las noches de estrellas junto al Guadalquivir. Echo de menos la esencia del rincón del paraíso. Anhelo su aroma, y una vez he trasladado mi mente al lugar, me sumerjo en un plácido recuerdo de intensas sensaciones.

Algún día, más pronto que tarde, volveré a oler el frescor a limpio, la suave y envolvente sensación de confort y bienestar que me reporta el lugar donde nací.

Cuando llego a mi tierra, noto un impulso de sensualidad que me cautiva a la velocidad de un rayo.

¿Qué tendrá el lugar? ¿Será la ingesta o la fragancia que desprenden sus olivos?

Reconozco que la vida es más gris aquí, en Cataluña, que el lugar donde nací.

Después y antes de dormirme:

—Me hice la pregunta que todo ser humano se ha hecho o se hará en su vida:

—¿Cambié mi destino, o el destino me cambió a mí?

Nunca fui un nacionalista, ni soy independentista, pero los de mi pueblo usan esta idea como una absurda acusación para atacarme.

Por esa razón me siento un apátrida en mi propio país.

Recuerdo un día soleado de primavera, tomando un café con mi amigo implicado en política, cuando le contesté a su propuesta de involucrarme en política:

—Yo nunca seré político y por consiguiente tampoco seré embustero, ni tramposo. Aunque dejo abiertas todas las opciones.

—Por favor, no me digas eso. Recuerda que somos amigos.

—Entiéndelo amigo mío, sería incapaz de evadir una responsabilidad política, en el supuesto caso que yo llegara o fuera un dirigente gubernamental.

Él me respondió con una sonrisa diplomática:

—Amigo mío, si tú eres capaz de disolver un mal, el mal no será mal, sino un simple incidente. Ejemplo, si utilizamos la frase:

—Todos tuvimos la culpa.

Estaremos diciendo que nadie la tuvo. Aun sabiendo que la responsabilidad del desastre sea tuya, obviamente porque eres el responsable político. Está claro, pues... eso.

Pues... por esa razón no soy ni quiero ser un político. Yo siempre asumo mis decisiones, tengan éxito o no tenga el éxito esperado.

Sé positivamente que yo no vine a la vida para quedarme; voy a morir, lo sé. Pero cuando llegue el momento, y, cuando llegue, nada podré hacer y de nada me servirá quejarme. Lo único que le pido a Dios es que sea en mi tierra, en el lugar de mis antepasados.

Capítulo 22

Cada día aumentaba nuestro volumen de negocio, y esa situación nos generaba a Damiana y a mí, un estrés desbordante que aplacábamos satisfactoriamente mejorando noche tras noche nuestra vida sexual. Nuestros cuerpos enamorados se fortalecían, ella aumentaba su musculatura pélvica y yo, con la práctica diaria evitaba la disfunción eréctil. Gracias a nuestro empeño y a la ayuda silenciosa de la continuada ingesta del aceite de oliva virgen extra (AOVE) *enriquecido por las aportaciones de las almas de los aguerridos guerreros* de la cooperativa de mi pueblo. Pese a nuestra avanzada edad, todo funcionaba como un reloj suizo.

Si bien reconozco que el brillo de sus ojos ya no dan la misma intensidad que años atrás.

Seguíamos liberando las hormonas relacionadas con el placer y el bienestar en beneficio del trabajo tan estresante que nos habíamos autoimpuesto mutuamente. Sabíamos de la necesidad de escuchar las llamadas de nuestros cuerpos enamorados.

Pero en un recóndito lugar de la mente había una espina clavada y difícilmente olvidada. Pese haber sido contrarrestado por mis continuos devaneos con la monja. Tenía que compensar con creces el desliz de Damiana con aquel desconocido huésped del hotel.

Aquel acto reprochable de infidelidad me llevó a pensar que, al fin y al cabo, su desliz infiel no fue tan negativo para mí. Su hazaña me hizo e hizo subir la autoestima y ambos mejoramos la calidad en el sexo, por esa razón pensé:

—La infidelidad no tiene por qué ser siempre algo negativo.

Bueno ahora mismo mí prioridad es repatriarme cuanto antes. Quería volver, deseaba decir adiós a Cataluña como Curro Romero a los ruedos, en silencio. Llegué a esta región de España con un pelo abundante y rubio en mi cabeza, y volveré con menos pelo y de color nieve, pero volveré.

Lo narrado en el segundo capítulo, cuando descubro la infidelidad de mi mujer. Donde Damiana relata con satisfacción su —momento comparativo— con otro hombre. En el cual, yo me echo su irresponsabilidad a la espalda y decido pasar por alto las dos:

—Astas que desde la página veinticinco llevo clavadas en la frente.

Decidí en ese momento perdonar y seguir juntos por el bien de mi familia. Quise ser un ejemplo, pretendiendo que mis hijos se ahorrasen vivir la tediosa separación.

Lo que no quiere decir que yo, lo haya olvidado.

"Las infidelidades se perdonan, pero no se olvidan jamás."

No es sencillo superar la falta de lealtad. De hecho, no hay día que no me levante con una sensación pavorosa de cólera y odio, mezclada con pensamientos obsesivos y una tremenda sensación de impotencia. Y lo que es peor aún:

—Si lo hizo una vez, ¿quién me dice a mí que no lo ha hecho más veces o que lo vuelva a hacer?

La cuestión es que el resquemor por su infidelidad seguía ahí. El remordimiento continuaba hostigándome, día tras día, hasta hacerme sentir como un cornudo apaleado.

Soy culpable de muchos errores en mi vida, pero nadie me habla del peso que, como empresario, recae sobre mis espaldas, con una plantilla de más de 3.000 empleados. Si a esa cantidad de peso responsable, le añades el deber como marido, pese al desaire infiel de la mujer de tu vida, eso supone un incremento de unas cuantas arrobas más.

Dos años más tarde, cenábamos en casa una ensalada y un pescado, era un sábado de mediados de abril, cuando la primavera se deja ver en todo su esplendor. Las olas del mar apenas las oíamos. El silencio reinaba en la noche. El ruido del mar inundaba mis oídos de manera estrepitosa. La luna iluminaba la velada. Todo parecía estar preparado para lo que ocurriría después... Cuando un ataque de desamor me alertó:

—No podía más y le volví a hacer la pregunta:

— ¿Cómo fue aquél maldecido hechizador y qué sentiste con él?

—Que cansino eres cariño. Aquello pasó, sin más, y ya está —respondió Damiana con voz dulce.

Miré fijamente con el entrecejo fruncido e interpreté al marido despechado:

—¡Dímelo! Lo necesito. Dame detalles, no me subestimes que soy de un pueblo chico donde el hambre te hace saciarte de sabiduría hasta conseguir lo que necesitas saber. Ahora, insisto ¡dímelo!

Ella, sabía que poseía el poder curativo del mal que invadía a su marido, incluyendo la deslealtad, después de haber jurado fidelidad hasta la eternidad. Pero lo de esta noche todo era distinto, porque dijera y comentara lo que fuera, Damiana tampoco podía olvidar aquel encuentro de gozo de —pin-pan-fuera— y por esa misma razón de permanencia en su recuerdo, contestó lanzándole una lánguida sonrisa:

—Está bien, *amor mío,* aunque apenas me acuerdo, te lo contaré. Pero antes de continuar debo confesarte que la verdadera razón de mi esporádico idilio fue porque quise comprobar que estaba con el hombre adecuado al cien por cien. Ahora y dicho lo cual, continuaré:

—Está bien, el adúltero cliente, el mismo que me trasladó al más allá cuando me hizo el amor de aquella manera, intentó seducirme invitándome a cenar en una isla tropical. Mi respuesta fue rotunda:

—¡No! Deseo mantener mi vida junto a mi esposo y la de mis hijos de una forma privada.

—Pero volviendo a la reiterada preguntita te diré que ocurrió en una décima de segundo, algo pasó en aquél inolvidable e insaciable momento. Todo partió desde el cruce de miradas hirvientes.

A continuación, el huésped me miró y dijo:

—Me habían dicho que era usted la mujer más hermosa de Cataluña, ahora he descubierto que se han quedado cortos.

—Cuando escuché aquellas palabras tan hermosas, procedentes de aquél hombre elegante y elocuente, que apareció en mi vida por "gracia y amor" del destino, en la habitación, me dejé impresionar. En el fondo de mi interior, necesitaba llevar a extremo el sentimiento comparativo de estar con otro hombre que no fuera el mío. Y cuando me dio el primer beso, me dejó aturdida. No supe reaccionar y me dejé llevar...

—Creo que no será bueno para ti que continúe con los detalles amor mío.

Por favor, continua —le dije.

Ella dejó la mirada abstraída y continuó.

—Allí saltó la luz y la magia que todo ser humano llevamos dentro.

Seguidamente le ilustré:

—Puedes hacerme todo lo que quieras, va a ser una noche inolvidable.

—Sí, déjalo. Digamos que lo que sentiste está entre un desahogo y una pesadilla. Que apenas nos deja dormir. Inmediatamente me acordé de otra nueva reflexión de don Eufrasio:

—*El amor se basa en el sacrificio.*

Damiana sabía que con su verborrea y su inmaculado cuerpo me tenía eclipsado y rendido a sus pies. Y me respondió con voz cautelosa:

—Eso es, amor mío. Que listo eres. Lo que no quita que reconozca quien soy realmente:

—Yo soy Damiana, una empresaria española, conocida en el ámbito público catalán por ser la esposa y señora de don Nicolás, el presidente del holding, Las herramientas, madre de sus hijos y su amante insaciable.

Damiana continuó con los halagos falseados pese a ser una realidad evidente:

—Tengo que agradecer mucho a mi marido por haberme dado la oportunidad de dirigir los hoteles de la compañía. Él me dio todas las atribuciones para que hiciera y deshiciera a mi antojo. Empezamos con un modesto hotelito en el puerto y hoy disponemos de más de 30 hoteles repartidos por toda la costa española. Todos ellos muy rentables.

Yo Nicolás, un emigrante con suerte,

autodefinido como: el apátrida, pensé para mis adentros:

—Estas palabras de peloteo no me han complacido en absoluto. No por lo que hiciera, que fue gravísimo e imperdonable, sino por la manera de contarlo. Ella no lo cuenta en pasado, porque lo cuenta como lo recuerda, en presente, o sea, que no lo ha olvidado, ni creo que deje de recordar con satisfacción aquel encuentro espontáneo.

Yo, mientras tanto, sigo dándole vueltas a las palabras de la monja arrepentida:

—He colgado los hábitos por estar junto a ti, por tus miradas sin palabras, por el amor que te profeso desde que llegué a la parroquia de tu pueblo y te veía hablando con don Eufrasio.

Eso me hizo retroceder mi mente del deseo a los primeros pensamientos de amor por una mujer.

Ella avivó mi ilusión por el amor, y al despertar, he descubierto que sigue intacto por estar con ella. No sé si prosperará mi añorado deseo.

Ahora la infidelidad de Damiana me abre la puerta de un posible adulterio, digamos que, estoy protegido de toda culpa y amparado por su infidelidad.

¡Ojo por ojo! O:

—Una mancha de mora con otra mora se quita.

Pese a todo, traté de borrar de mi mente aquél desdichado *traspiés* de Damiana, mi esposa, por creerme ser un marido avanzado a mi tiempo, de hecho, he ido negando hasta la saciedad y de manera pública a Damiana que no había rencor por haberme colocado dos "astas" en la parte frontal de mi cabeza, pero la realidad es que ni yo, ni ella, podemos olvidar lo ocurrido desde hace más de dos años. Y que, por este motivo, por el desgaste de nuestra relación, he ido anidando en mi mente la posibilidad de incitar a la monja para mantener un trascendente e intenso encuentro sexual.

Es evidente que no quería seguir compartiendo encuentros de alcoba con mi esposa ni un minuto más y viceversa. No había solución posible para nuestro matrimonio bucólico. Todo se fue al traste el día que Damiana apostó por tener aquel *fortuito* contacto con el atractivo huésped del hotel.

A partir de hoy iniciaré mi particular historia de desamor, lucharé por sobrevivir sin la compañía de la mujer de mi vida. Ahora trataré de cumplir el sueño que ha estado zarandeando mi imaginación desde los inicios de mis sentimientos amatorios.

Sí, soy un charnego que con el tiempo me he hecho *un apátrida* pese a estar considerado como un patriota catalán por ser la tierra donde formé a mi familia, pero reconozco que mi nueva patria no tiene las raíces necesarias para seguir resistiendo las inclemencias políticas y sociales que están ocurriendo en esta privilegiada región de mi querida España, aquí, en mi mismo país.

Algunos destacados y mediáticos deportistas junto a los acoplados nacionalistas, decían en reiteradas ocasiones que:

—Ser catalanes nos convierte en privilegiados, tenemos un país acojonante.

Los nacionalistas en general, sea cual fuere su región, se sentían seres superiores al resto de personas, sobre todo a los emigrantes españoles. Lo decían de forma apasionada, ese elemento era la clave para que los acérrimos "borregos" les sigan aupando al poder.

Muchos son los que viven de la política, aunque manifiesten públicamente que ellos viven para la política.

Lo que muchos votantes ignoran es que alguien, o muchos, ocultaban su objetivo final:

—Romper la unidad nacional, acabar con mi nación española ¡Coño! Por esa razón:

Al día siguiente, en el desayuno. Hablé con Damiana. Después de un saludo ficticio le entregué un escrito:

—Te he escrito una carta, no es mucho, pero guárdala por lo que pueda valer.

Ella, al cogerla me miró fijamente y con su cara de culpabilidad me dijo:

—Quédate conmigo, no te vayas Nicolás.

—¡No! Tú quédate con tus sueños y con los de los hijos en esta tierra. Yo pienso que los míos están empezando a hacerse realidad.

—¡Que mala suerte la mía! —comentó haciéndose la víctima. A lo que yo le contesté sin dudar lo más mínimo:

—No hay que culpar a la suerte.

En aquel decisorio momento me acordé de uno más de los consejos del padre don Eufrasio:

—*Una forma de recordar quien eres es recordando quienes son tus héroes.*

Y al escucharme pensé:

—Las decisiones complicadas forman parte del rango.

Damiana se quedó ensimismada, abstraída por la locura de lo escuchado. Sabía que tenía que acabar con aquella continua guerra, lo tenía decidido, esa noche acabaría con su silencio e hizo reflexionar a su mente interior:

—Toda una vida junto a él, apoyándole, queriéndolo y luchando continuamente para que mis esporádicos y ocasionales encuentros románticos le afectaran lo menos posible, y ahora, después de tantos años, va el buen señor y se mosquea.

Sus continuas reflexiones le hicieron reaccionar. Se colocó frente al espejo completamente desnuda con la intención de encontrar su mirada, y allí, frente al espejo de dimensiones extremadas la encontró. Por primera vez fue capaz de mirarse a los ojos sin miedo, segura de sí misma. Unos segundos después gritó:

—¡Tú ansias la libertad más que yo! ¡Necesitas oír continuamente mi momento de gloria, mi desliz con aquel huésped del hotel para justificar tus continuos devaneos con la ex-monja del pueblo! ¿Acaso crees que no me he dado cuenta? ¿Crees que por ser mujer y de pueblo chico soy tonta?

Nada quedó igual, solo ella, con su desahogo encontró su paz interior y su animosa sonrisa.

Yo quedé enmudecido por los conocimientos que me arrojó a la cara. Lo sabía todo. Yo no supe que contestarle. Así que me callé, sin más.

Abriré mi conciencia a la expansión de la vida. Creo que encontraré un espacio donde yo pueda crecer y cambiar de suerte.

Debo ser un loco romántico. Volveré al rincón del paraíso, en mi pueblo del alto Guadalquivir.

Deseo volver a subir mi promedio de horas de sueño. Dejaré de hacer malabares para conciliarme con un mínimo de horas confortado en mi cama. Lo que significa que dejaré atrás el ritmo de vida ajetreado, diré adiós a una sociedad estresada que no sabe dormir, entre otras muchas cosas. El descanso será unos de los pilares básicos para construir mi nueva y ansiada vida

Mis paisanos me criticarán y tal vez con razón, porque:

—Llegaré con mi coche nuevo y mi impuesta palabrería de aquí. Los trataré como siempre, con el mayor de los respetos. Seguro que querrán acoger a un apátrida en mi propio país.

—Espero...

Y... pasado un tiempo:

—Moriré como todos, sin haberlo planeado antes. Pero en casa, con mi gente.

Cuando arranque el auto, miraré desde la playa a la ventana del dormitorio y diré:

—Adiós al cuerpo de mujer más bello creado por Dios.

Y aseguraré:

—Damiana es una mujer aparte de las demás.

Diré adiós al recuerdo del empleado egoísta de aspecto gandul y con doble personalidad, que al ver al muchacho de nuevo en la puerta de la ferretería me gritó sin respeto:

— ¡Charnegos fora!

—Me despediré de los que me llamaron apátrida en la reunión de padres por defender el idioma de cuna, el de mi país, el español, el mismo que hablan más de 580 millones de personas en el mundo. Vuelvo a un lugar donde existe la libertad de expresión.

—Volveré a un lugar donde poder decir lo que pienso sin que nadie me reproche por ello. Donde la gente me respeta y aprecia por lo que soy, y por todo lo que hago, no por lo que tengo.

En contrapartida mis paisanos del pueblo me dirán:

—Te has convertido en un catalán de pro. Un ser estrecho de pecho y mente.

Y yo les contestaré que no es así. Les diré:

—Soy un personaje que piensa en positivo, que ha regresado para hacer cambios efectivos aquí, con lo mucho que aprendí allí.

Sabía que tenía mucho que dar y también comprendería la necesidad de recibir.

Hace muchos años, dije adiós a una forma de vida natural, a un lugar donde pescábamos en el Guadalquivir barbos, truchas, cangrejos... eran auténticos goces de agua dulce para el paladar.

Todos los años recolectábamos abundantes productos de la huerta: pimientos, pepinos, tomates, cebollas, zanahorias, maiz, melones, sandías. Hoy, cinco o seis décadas más tarde, a más de uno se le caería la baba y los palos del sombrajo si tuvieran lo oportunidad de experimentar y comparar saborcillos.

Recogíamos de los árboles frutales: peras, melocotones, albaricoques, higos que alternábamos con las brevas, cerezas... todos los frutos sin excepción sabían a la fruta que tenía que saber.

Recolectábamos frutos salvajes en los aledaños del río: moras (rojas y negras), cardillos, collejas, alcaparrones...

Cazábamos: zorzales, gorriones, palomas torcaces, codornices, perdices... ¿lo hacíamos mal? Seguro, pero respetábamos los nidos y protegíamos los polluelos. Había aves en abundancia.

En casa criábamos: cerdos para la matanza, gallinas que nos daban huevos y pollos, conejos, pavos, patos para el consumo de la casa.

Elaborábamos el pan, se hacían conservas, embutidos, roscos de anís y de baño, pestiños, galletas y un largo etcétera.

Digamos que no necesitábamos el dinero, éramos autosuficientes. Hasta que llegó la luz eléctrica y el agua potable, con estos avances importantes, enseguida llegó a las casas el teléfono. Era para lo único que se necesitaba el dinero.

Las grandes compañías no admitían ni trueques ni cambios.

En los comercios sólo se compraba café y azúcar.

Invito a los lectores de esta obra que degusten, si pueden, de la cocina tradicional de la comarca del alto Guadalquivir, de lo contrario, moriréis sin contemplar ni saborear las bondades que el creador quiso dar a esta tierra privilegiada, en este *rincón del paraíso*.

Y, ahí estábamos los dos: arrogantes y retadores, después de haber puesto los puntos sobre las ies.

Por esa cuestión y por un deseo imperioso acababa de decidir que debería volver a Santo Tomé, el pueblo del que nunca debí salir.

Un lugar donde añadiré años a mi vida y calidad a mis momentos.

Intentaré volver a cazar sapos cornudos en el Reato, oiré de nuevo el cantar de los pájaros, observaré como el viento cimbrea las ramas de los árboles, abriré los ojos para ver los nidos de las aves diminutas en la cuenca del Guadalquivir, criaré gallinas en un patio de tierra, en definitiva, me recrearé con las vivencias del pasado actualizándolas a mí presente.

Me entusiasma la idea de vivir y de esperar a mis hijos llegar a mi tierra. Disfrutaré cada instante, cada día y cada año que me quede de vida.

Espero no equivocarme. Aplicaré las sabias palabras de don Eufrasio:

—Es más gratificante ser el Rey de la partida de tu vida, que el peón en la vida de otro.

Mataré a la persona que no quiero ser para convertirme en el hombre que deseo ser.

Confío en que mi futuro estará como siempre en buenas manos.

Para mi retiro me haré cargo de la Fundación Las herramientas que gestionaré y dirigiré desde mi refugio paradisiaco del alto Guadalquivir. Recuerdo cuando y por qué hicimos la Fundación:

—Había que encauzar la filantropía del holding, y creamos la Fundación Las herramientas, que nos ayudaría para mejorar nuestra imagen pública y para abrir un resquicio fiscal.

A través de la fundación encauzábamos todas las ayudas: vivienda, comida, sanidad, educación, apoyo psicológico, trabajo... en definitiva, le dábamos el cariño y las soluciones, a los emigrantes llegados a Cataluña del resto de España y en especial a los andaluces.

Este era el retrato de mi otro yo, un apasionado del trabajo que navegaba en medio de un montón de dinero, procedente de los negocios.

Capítulo 23

Cuando me jubilé, me sentí un inútil, la colectividad hizo considerarme como un chupóptero de la sociedad. Pasé de ser el empresario más admirado de España, a un parásito más. Pero lo que la gente no sabe es que Nicolás, el que llegó y se sintió en Cataluña como: el sin patria, nunca se rindió ante una adversidad. Después de muchos años y pese a que hoy me siento un apátrida en mi propio país, nunca arrojé la toalla y por supuesto no la voy a tirar ahora. Vuelvo a mi particular rincón del paraíso para reflexionar y curar las heridas del pasado. Me marcaré una estrategia para continuar. Pasaré a vivir mi tercera etapa de vida como:

—El repatriado.

Volveré a mi tierra con honores ocultos. Tendré todo lo que necesito para subsistir. En mi trozo de paraíso dejaré de oír el grito de:

— *¡Olvídate de ella!*

Recordándome la frase de don Eufrasio cuando salió la conversación de la hipotética relación entre María Magdalena y Jesús. Dios debió de gritar a Jesús:

—¡Olvídate de ella!

Yo también me olvidaré de la monja de mis sueños.

Unos días más tarde:

—Di rienda suelta a lo que mi mente estuvo pululando durante los últimos años y decidí repatriarme voluntariamente. Necesito retornar con seguridad y dignidad, para vivir de una forma más sencilla.

Opté por volver al pueblo del que hui obligado por la vida menesterosa que tenía. Vuelvo en busca de los recuerdos inolvidables de infancia y juventud; un lugar donde ir al campo y respirar aire puro. Volveré a beber agua de arroyos y del Guadalquivir. Estaré rodeado de gente maravillosa.

Deseo tener un final tranquilo como repatriado. Trabajaré en silencio desde la distancia en una zona medioambiental limpia y pura, donde las ideas florecen con desahogo en este rincón del edén.

Volveré después de haber alcanzado en secreto mi nuevo reto:

—Alcanzar una movilidad urbana más sostenible para ciudades como Barcelona. Minimizaré el impacto sobre el medio ambiente para proteger el planeta y, a la vez, velar por el bienestar y la calidad de vida de los ciudadanos.

Aunque reconozco que todavía me quedan algunos cartuchos por quemar. Al contrario de lo que piensen algunos, mi mente sigue ágil y fresca.

Vuelvo a un lugar donde el silencio se encargará de recapitular mi historia. Sé que algunos de mis hijos y nietos les parecerá una idea terrible, pero es mí idea.

Con la intención de informar de la decisión de repatriarme:

—Reuní a toda mi familia, sabedor de la importancia de la verdad. El momento de comunicárselo a los chicos había llegado. En la familia no debe haber secretos. Deseaba que entendieran que no se trataba de una idea loca, ni improvisada.

Mi deseo de volver a continuar con la tradición de mis ancestros, era firme e inamovible.

Necesito un cambio de vida radical: huyo de la gran ciudad para refugiarme en mi pueblo natal. ¿Por qué?, se preguntarán algunos:

—La gente no se hace mayor por tener arrugas en la piel, te haces viejo cuando se te acaban las ilusiones y los sueños. Y en este lugar ya no me brotan ilusiones.

He decidido abandonar Cataluña, tengo una edad avanzada y quiero descansar en mi tierra, intentaré ser feliz en el lugar donde nunca debí salir.

Es hora de encarar de nuevo el futuro. Me auto-auguro brillantez en lo que me aguarda detrás de mi nueva ilusión. Por esa razón, he reunido a toda la familia: Damiana, hijos y nietos.

Quiero despedirme en torno a una mesa, disfrutar de su compañía. Para ello, he elegido, el día de la gula, que instauró mi mujer Damiana, y en los postres les diré:

—*Me vuelvo al pueblo, solo o con quienes quieran acompañarme* —pensé para mí mismo mientras aguardaba la llegada de la familia.

Después seguí repasando mentalmente qué decir y cómo decirlo.

—Antes de partir me vais a tener que oír.

Les daré consejos y lecciones a los hijos y nietos:

—Las mejores oportunidades a veces vienen precedidas de desgracias. Os digo esto porque yo tuve que dejar mi tierra porque no había trabajo. No sabía dónde tenía que ir, solo sabía, que tenía que salir. Y el destino quiso que fuera Cataluña.

—Pasé de ser un empleado emigrante y de un súbdito de su "amo" a ser el dueño que trató a sus empleados como compañeros, aunque asumiendo el riesgo de ser el jefe, empresario y administrador único de la compañía.

—A los pocos días de llegar aquí, la suerte me acompañó.

—La señora Rosi, puso en mis manos una fortuna que yo he ido multiplicando por mucho, fruto de mis buenas gestiones. Por supuesto, con la ayuda incondicional y profesional de mi esposa Damiana, vuestra madre y abuela. Bueno, aquí la yaya.

—Debéis aprender a escuchar, a los empleados que no hablan, o dicen poco, pero sin dejar de observar cómo actúan, son los más fiables.

Continuaré diciéndoles:

—El mundo está dividido: hay personas que nacen líderes y actúan como tal, mientras que otros, nacen para obedecer órdenes de un líder. Lo más complicado es ordenar, mandar y organizar, trabajos y proyectos. Lo fácil es trabajar sin riesgo, hago lo que me dicen y punto. El poco pensante y "pobre" trabajador se dice:

—Gano menos dinero pero vivo más tranquilo.

—Esa actitud es una manera de pensar indigna para ser un trabajador nuestro. Necesitamos gente con ambiciones, capaces de asumir responsabilidades cuando se necesiten. Recordad que:

—"El pobre es pobre porque sus miras son cortas, no por tener poco dinero".

—Por esa razón, deberíais de conocer a las personas antes de contratarlas.

Y seguiré dándoles la "brasa" (palabra de reciente incorporación a la RAE).

—Desde su niñez, la persona nace, o se cría para servir o ser servida. Vosotros hijos míos, estáis en un entorno adinerado, tenéis alma de empresarios, habéis nacido para ser servidos. A cambio de una gran responsabilidad, servir a los que os sirven.

Acabaré con una frase mágica de don Eufrasio:

—*El acto más noble y humilde de la vida es hacer felices a los demás.*

Después les diré que tomen nota de mis apreciaciones para sus respectivos y particulares futuros:

—Lo primero es saber escuchar e interpretar lo que percibís. He aquí algunos veteranos consejos o reflexiones:

Necesito o no comprar esto, pero antes de comprarlo buscaré la respuesta:

—No me lo puedo permitir o ¿cómo lo puedo pagar? La diferencia está entre la *negativa y la pregunta.*

Ahora la vieja cuestión:

— ¿Vivir para trabajar? o ¿trabajar para vivir? Si eres empresario te dirás: —*Que los demás trabajen para mí.* Ese es el verdadero líder.

Cuando dispones de recursos, las preguntas serían:

— ¿Trabajo por dinero o dejo que el dinero trabaje para mí?

Si os convertís en empresarios que van con su dinero a lo seguro, es la forma más improductiva de todas, sin embargo, si aprendéis a gestionar bien el riesgo, seréis millonarios.

Después, les advertiré con estas reflexiones:

—Con el dinero hay que jugar a lo seguro. Tenéis que aprender a invertir sin riesgo.

—Nunca cuestiones tu casa como si de un pasivo se tratara. Muchos dicen que la utilizan como un activo, craso error.

Los estudios sirven para labrarte un futuro con dos posibles salidas:

—La primera, para trabajar en una buena empresa.

—La segunda, para comprar o hacer rentable tu propia empresa.

El dinero se convierte en interesante cuando pretendes tener poder.

—Buscad colaboración entre los empleados y encontraréis innovaciones en el futuro.

—Es así, porque dinero, trabajo y poder siempre van implícitos.

Si pretendéis ser felices, nunca trabajéis para haceros ricos.

—El dinero es la mayor fábrica de pobres que existe en el mundo.

Comimos y bebimos hasta que llegó la hora de los postres. Era el momento de mi discurso de despedida. El adiós a una vejez engañosa.

Y, con un aspecto sereno, más o igual que una alpaca de paja. Cogí mi copa, me incorporé, y la hice sonar golpeándola con un cuchillo, como en las películas americanas cuando alguien quiere decir algo y llama la atención de los concurrentes de esta manera. Cuando todos dirigieron sus miradas a mi anciana persona, les dije:

—Llevo mucho tiempo pensando y preparando qué decir, pero después de hacer este profundo barrido ocular; al final no tengo nada que decir, tan solo quería comentaros que:

—Me vuelvo al pueblo, Santo Tomé, allá en el alto Guadalquivir, donde el tiempo anda más despacio. Donde tomar un café o una cerveza con un amigo, se valora en su máxima expresión. Donde no existe lo bueno ni lo malo. Porque se vive más allá de los juicios de valor. Quiero que sepáis que sigo la voz de mi interior, sé que todo cuanto deseo está allí donde nací. Quiero acabar donde empecé. Espero que lo entendáis, de verdad.

— ¡Adiós familia! Ha llegado la hora de mi añorado regreso.

—Me voy porque sé que siempre vale la pena un esfuerzo más para conseguir un objetivo. Y también porque prefiero estar con personas que con snobs ricos que solo se preocupan del dinero.

—Estoy bien, en plena forma y con todos mis cabales en su sitio. Me voy dejando cosas que creía necesarias e imprescindibles que no lo son. Me dejo cosas materiales inservibles y un montón de prejuicios, no es lo que necesitaré allí.

—Os esperaré a todos los que queráis cambiar estrés por paz.

Damiana me tendió la mano y explicó delante de mi familia:

—No sé qué hice para merecerte. Antes de irte, te diré:

—Todos sospechábamos e intuíamos lo que vas hacer. Pero ninguno lo sabíamos.

Les miré a todos varias veces y antes de irme les dije:

—No es un adiós, ni siquiera un hasta pronto. Es un deseo. Un sueño. Un nuevo proyecto que cumplir.

Los más jóvenes, recordad estas palabras del viejo abuelo Nicolás:

—El nacionalismo precede a la destrucción de la región y del país. Que no se os olvide jamás.

—Dejo al mando de todo a vuestra madre, Damiana, la matriarca de la familia. Una señora con mucho estilo a la que deberéis de proteger y querer continuamente.

—No te aísles en el pueblo papá. Vete a la residencia que te cuidaran bien.

Mi hijo Nicolás dijo aquellas palabras porque él era el director de uno de los tres hoteles familiares que teníamos y que

Damiana los transformó en residencia de mayores. Ella siempre iba un paso más adelante. Sabía que las soluciones para la gestión de la dependencia de los más mayores vendrán de las aportaciones de los más jóvenes.

Yo le agradecí su interés, sabedor que lo hizo con la mejor de las intenciones. Y por esa razón le contesté mirándole fijamente al entrecejo:

—Gracias hijo. Esa decisión es exclusivamente mía y te puedo decir que la residencia es mi última opción. Prefiero vivir en mi casa, cerca de gente mayor como yo, que piensa casi igual que yo.

Antes de despedirme recordad:

—Cuando se tiene mucho poder y demasiado dinero, salta una señal envidiosa e incívica y cuyo resultado final es:

—Solo se tienen enemigos. Eso va de la mano, quieras o no quieras. La proporción siempre es equitativa.

Ya en mi destino, pensaré en los beneficios del lugar:

—Tomaré el mejor AOVE del mundo, en el rincón desconocido del paraíso. Asegurándome una longevidad extrema, y tal vez algo más, pese a mi edad.

—Podré ver películas para adultos de contenidos variados sin limitaciones.

—Ayudaré a repoblar mi tierra, repatriando a quienes lo deseen.

—Haré uso de un factor importante, respirar aire limpio, el clima seco le va mejor a mi organismo y a la vida, tomaré alimentos tradicionales, dormiré bien. Todo lo relatado anteriormente será determinante para una mejor calidad de vida. Disfrutaré con mis amigos longevos como yo y diré hasta siempre al estrés de la ciudad condal.

Estas fueron las razones y excusas que le dije a mi familia para que me entendieran.

Solo yo sé los verdaderos motivos:

—Huía por amor, necesitaba olvidarla y regresé por entender que su amor está prohibido para mí.

Me repatrio para cerrar el círculo vital del emigrante. Vuelvo para volver a sentir el placer de vivir en mí país.

Retorno al lugar donde quiero ir, al sitio de donde sé que vine al mundo y que hoy quiero estar.

Regreso porque esto no da más de sí. Lo que toca ahora en Cataluña es reconstruir y yo ya no estoy para ese proyecto.

El apátrida